高等院校经济管理类专业"互联网+"创新规划教材

基础会计实验与习题

（第2版）

左 旭　曲家奇　贾兴飞 ◎ 主编
李 云 ◎ 参编

内 容 简 介

本书在编写过程中以现行《企业会计准则》《基础会计工作规范》等法规为依据，更加注重学生实际应用能力的培养和训练。

本书内容共分三部分：第一部分为基础会计模拟实验；第二部分为基础会计习题；第三部分为基础会计模拟试卷。 其中，基础会计模拟实验部分主要依据基础会计课程学习的会计核算基本方法进行手工核算实际训练，以具有代表性的制造业企业（针织服装公司、一般纳税人）为案例，设计十个实验项目，按照会计账务处理程序依次为：会计数字书写、原始凭证的填制及审核、记账凭证的填制及审核、日记账的登记、明细账的登记、科目汇总表的编制、总账的登记、会计凭证的装订与保管、结账和编制会计报表、会计岗位综合实验。 基础会计习题部分，依据基础会计课程所讲的理论编制各类练习题，主要包括：单项选择题、多项选择题、判断题、简答题、计算题、综合业务题等。 基础会计模拟试卷部分，根据基础会计课程讲授的理论知识，综合各部分的知识点，设计了三套试卷。 本书的实验、习题和模拟试卷都有参考答案，均可以通过扫描相应部分后附的二维码获得。

本书既可以与《基础会计》配套使用，也可单独作为会计学及相关专业本科院校的教材，还可以供自学会计人士学习基础会计核算方法时使用。

图书在版编目(CIP)数据

基础会计实验与习题/左旭， 曲家奇， 贾兴飞主编 . —2 版 . —北京： 北京大学出版社，2021.3
高等院校经济管理类专业"互联网+"创新规划教材
ISBN 978-7-301-32026-6

Ⅰ. ①基… Ⅱ. ①左… ②曲… ③贾… Ⅲ. ①会计学—高等学校—教学参考资料 Ⅳ. ①F230

中国版本图书馆 CIP 数据核字(2021)第 034250 号

书　　　　名	基础会计实验与习题 (第 2 版)
	JICHU KUAIJI SHIYAN YU XITI (DI-ER BAN)
著作责任者	左　旭　曲家奇　贾兴飞　主编
策 划 编 辑	罗丽丽
责 任 编 辑	罗丽丽
数 字 编 辑	金常伟
标 准 书 号	ISBN 978-7-301-32026-6
出 版 发 行	北京大学出版社
地　　　　址	北京市海淀区成府路 205 号　100871
网　　　　址	http://www.pup.cn　新浪微博:@北京大学出版社
电 子 信 箱	pup_6@163.com
电　　　　话	邮购部 010-62752015　发行部 010-62750672　编辑部 010-62750667
印 刷 者	河北滦县鑫华书刊印刷厂
经 销 者	新华书店
	787 毫米×1092 毫米　16 开本　14.25 印张　342 千字
	2013 年 5 月第 1 版
	2021 年 3 月第 2 版　2021 年 3 月第 1 次印刷
定　　　　价	39.00 元

未经许可，不得以任何方式复制或抄袭本书之部分或全部内容。
版权所有，侵权必究
举报电话： 010-62752024　电子信箱： fd@pup.pku.edu.cn
图书如有印装质量问题，请与出版部联系，电话： 010-62756370

第2版前言
PREFACE

随着营业税改增值税的全面完成,制造业、商品流通业及第三产业全面实行增值税。特别是从2019年4月1日起,国家税务总局对增值税税率又做了重新调整,将2018年5月1日执行的一般纳税人16%的税率调整为13%,10%的税率调整为9%。本书在上一版的基础上,对增值税发票相关内容及税率做了全面的修改,以适应目前最新的增值税税收征管要求。

习题部分也按照现行税率进行了调整,同时根据现行的会计准则及制度对会计科目及核算方法做了调整,还增加了三套模拟试卷,帮助读者自行测试。另外,我们将实验、习题和模拟试卷的参考答案采用信息化模式,通过扫描二维码就可以看到,节省版面,方便学习。

本书由左旭、曲家奇、贾兴飞主编,具体分工为:实验部分由左旭编写;习题部分由曲家奇和贾兴飞编写;试卷部分由曲家奇编写;实验部分相关资料由李云提供。

一、实验总体目标

本书是会计专业和财务管理专业开设的专业基础课程——基础会计的配套实验课教学用书,教学目标是使学生掌握会计基础实验的环节和各环节的具体操作方法。通过对本书的学习,学生应掌握会计基础性操作方法及了解会计循环的全过程,能够熟练处理基本的经济业务,增强手工核算操作能力及会计岗位综合应用能力。

进行会计基础模拟实验,主要是在会计实验室、课堂等场所对学生进行会计核算的模拟实训,以使学生掌握填制和审核各种原始凭证、编制和审核记账凭证、编制科目汇总表的方法,掌握现金、银行存款日记账,以及各种明细账和总账的登记方法,掌握错账的更正方法、未达账项的调整方法,以及试算平衡表、资产负债表、利润表的编制方法。意在使学生将所学的理论与实践结合起来,为后续的专业课的学习和将来实际工作打下良好的基础。

二、适用专业

本书适用于会计学、财务管理学两个本科专业。

三、先修课程

基础会计。

四、实验课时分配

实验项目	学 时
实验一 会计数字书写	1
实验二 原始凭证的填制及审核	2
实验三 记账凭证的填制及审核	3
实验四 日记账的登记	2
实验五 明细账的登记	4

续表

实 验 项 目	学 时
实验六　科目汇总表的编制	1
实验七　总账的登记	2
实验八　会计凭证的装订和保管	1
实验九　结账和编制会计报表	2
实验十　会计岗位综合实验	6
共　　　计	24

五、实验环境

按自然班上课，每次实验教师指导一个自然班，为此会计手工模拟实验室需设35个座位，实验台上配备会计手工记账所需的物品，如专用和通用的会计科目章、红色印台、蓝色印台、直尺、曲别针、胶水、小刀、剪刀等，配备装订用具和移动白板一张。学生每人一套证、账、表，包括记账凭证，科目汇总表，现金日记账，银行存款日记账，三栏式、数量金额式、多栏式账页，会计报表，记账凭证封皮，账簿封皮等。记账用黑笔和红笔每人各一支。

实验室要配有投影仪和屏幕。主要会计工作的流程图要悬挂在实验室墙壁上，便于学生参阅，营造良好的实验环境。

六、实验总体要求

1. 通过实验，进一步巩固课堂所学的理论知识。在实验中，要将理论课所讲的内容与实际操作进行对照，帮助学生掌握模拟实验资料中全部经济业务的会计处理、有关数字的来龙去脉和相互关系，以及完整的核算过程和操作方法。

2. 通过实验，提高实际应用能力。在实验中，要为学生配备企业会计部门所用的各种凭证、账簿和报表。学生按步骤要求亲自动手进行每个项目的核算，完成一个会计循环过程，提高实际操作能力，为进一步掌握会计信息生成的方法和合理运用会计信息打下良好的基础。

3. 进行实验时，应注意以下几点。

（1）按照生产企业组织会计核算的程序、方法和所使用的凭证、账簿、报表来组织会计模拟实验。

（2）动手操作之前，应明确每个实验的目的和要求，并对本书的有关内容进行认真的复习，以便顺利完成各项模拟实验。

（3）各项实验的基本操作规范要按照《会计基础工作规范》的要求进行。

（4）对企业所发生各项经济业务，要根据现行的《企业会计准则》和《企业会计制度》的规定进行处理。

七、实验的重点、难点及教学方法建议

实验的重点和难点是会计凭证的填制、各种会计账簿的登记方法及会计报表的编制方法。为保证实验课程的质量，达到实验教学的目的，在教学方法方面提出如下建议。

（1）由教师布置实验，介绍相关的阅读参考资料，提出实验要求，提示实验过程及应注意事项。

（2）学生根据教师的布置和实验指导书进行实验准备，包括阅读参考资料，明确实验目的，设计实验步骤，预习实验过程中涉及的相关知识，提出实验可能涉及的问题。

（3）学生到会计模拟实验室进行分项基础性实验。

（4）根据企业实际的会计岗位设置，对学生进行分组，每小组为一个会计机构，根据企业的实际情况，设置不同的岗位进行模拟会计工作的综合实验。

（5）撰写实验报告，侧重点在于实验过程中遇到的问题及解决的方法、实验尚未解决的问题。

（6）教师审阅学生实验报告，评出优秀实验报告，对普遍存在的问题进行总结，提出需要进一步思考和探讨的问题，组织学生对实验及相关理论进行讨论，并对实验中存在的问题提出改进意见。

编　者
2020 年 12 月

资源索引

目 录 CONTENTS

第一部分　基础会计模拟实验

实验一　会计数字书写 ... 2
　实验目的 ... 2
　实验要求 ... 2
　实验内容 ... 2
　实验小结 ... 3
　实验思考题 ... 3

实验二　原始凭证的填制及审核 ... 4
　实验目的 ... 4
　实验要求 ... 4
　实验内容 ... 4
　实验小结 ... 39
　实验思考题 ... 39

实验三　记账凭证的填制及审核 ... 40
　实验目的 ... 40
　实验要求 ... 40
　实验内容 ... 40
　实验小结 ... 55
　实验思考题 ... 55

实验四　日记账的登记 ... 56
　实验目的 ... 56
　实验要求 ... 56
　实验内容 ... 56
　实验小结 ... 58
　实验思考题 ... 58

实验五　明细账的登记 ... 59
　实验目的 ... 59
　实验要求 ... 59
　实验内容 ... 59
　实验小结 ... 62
　实验思考题 ... 63

实验六　科目汇总表的编制 ... 64
　实验目的 ... 64
　实验要求 ... 64
　实验内容 ... 64
　实验小结 ... 65

实验思考题 ……………………………………………………………………………… 65

实验七　总账的登记

　　　实验目的 ……………………………………………………………………………… 66
　　　实验要求 ……………………………………………………………………………… 66
　　　实验内容 ……………………………………………………………………………… 66
　　　实验小结 ……………………………………………………………………………… 68
　　　实验思考题 ……………………………………………………………………………… 68

实验八　会计凭证的装订和保管

　　　实验目的 ……………………………………………………………………………… 69
　　　实验要求 ……………………………………………………………………………… 69
　　　实验内容 ……………………………………………………………………………… 69
　　　实验小结 ……………………………………………………………………………… 71
　　　实验思考题 ……………………………………………………………………………… 71

实验九　结账和编制会计报表

　　　实验目的 ……………………………………………………………………………… 72
　　　实验要求 ……………………………………………………………………………… 72
　　　实验内容 ……………………………………………………………………………… 72
　　　实验小结 ……………………………………………………………………………… 76
　　　实验思考题 ……………………………………………………………………………… 76

实验十　会计岗位综合实验

　　　实验目的 ……………………………………………………………………………… 77
　　　实验规则 ……………………………………………………………………………… 77
　　　实验内容 ……………………………………………………………………………… 78
　　　实验小结 ……………………………………………………………………………… 155
　　　实验思考题 ……………………………………………………………………………… 155

第二部分　基础会计实验习题

　　第一章　会计基本理论 ……………………………………………………………………… 158
　　第二章　账户与复式记账 …………………………………………………………………… 163
　　第三章　主要经济业务核算 ………………………………………………………………… 171
　　第四章　账户的分类 ………………………………………………………………………… 180
　　第五章　会计凭证 …………………………………………………………………………… 184
　　第六章　会计账簿 …………………………………………………………………………… 189
　　第七章　财产清查 …………………………………………………………………………… 194
　　第八章　财务报表 …………………………………………………………………………… 199
　　第九章　会计核算组织程序 ………………………………………………………………… 203
　　第十章　会计工作规范及信息化 …………………………………………………………… 206

第三部分　基础会计模拟试卷

　　基础会计模拟试卷一 ………………………………………………………………………… 208
　　基础会计模拟试卷二 ………………………………………………………………………… 212
　　基础会计模拟试卷三 ………………………………………………………………………… 216

第一部分

基础会计模拟实验

会计数字书写

实验目的

通过本实验的训练，学生应掌握手工记账方式对会计凭证、会计账簿和会计报表的书写规范要求。

实验要求

1. 掌握手工记账对阿拉伯数字的书写要求。
2. 掌握汉字大写金额的标准写法。
3. 做到书写规范、流利，字迹工整、清晰。
4. 熟悉人民币符号的书写要求。

实验内容

一、阿拉伯数字的标准写法与要求

（1）字迹清晰。在会计凭证、账簿和报表上，阿拉伯数字应当一个一个地写，不得连写。

（2）位置适当。阿拉伯数字应当有高度标准，一般数字的高度以占账簿格高度的1/2为宜。书写时还要注意紧靠横格底线，数字向右的倾斜度一般可控制在60°左右，即数码的中心斜线与底平线为60°的夹角。

（3）数字标准。为了防止涂改，对有竖划的数字的写法应有明显区别。例如，"6"的竖划应偏左，"4""7""9"的竖划应偏右，"1"应写在中间，此外，"6"的竖划应为一般数字的1/4；"7"和"9"的竖划可以下拉出格一般数字的1/4。

二、大写数字与单位的标准写法与要求

1. 大写数字与单位的标准写法

大写数字与单位的标准写法如下：
壹、贰、叁、肆、伍、陆、柒、捌、玖、拾、佰、仟、万、亿、零、元、角、分。

2. 大写数字的要求

大写金额数字到元或角为止的，在"元"或者"角"字之后应当写"整"字；大写金

额数字有分的,"分"字后面不写"整"字。

例如,人民币 5 820.6 元,大写金额数字应为"伍仟捌佰贰拾元陆角整";再如,人民币 30 004.21 元,大写金额数字应为"叁万零肆元贰角壹分"。

三、货币符号的书写要求

阿拉伯数字金额前面应当书写货币币种符号或者货币名称简写和币种符号。例如,人民币的币种符号为"￥"。币种符号与阿拉伯金额数字之间不得留有空白。凡阿拉伯金额数字前写有币种符号的,数字后面不再写货币单位。

所有以元为单位的阿拉伯金额数字,除表示单价等情况外,一律填写到角分;无角分的,角位分位可写"00",或者符号"—";有角无分的,分位应当写"0",不得用符号"—"代替。

四、练习

将下列小写金额写成大写:

￥9 600 005.07　￥10.5　￥18 946.2　￥300 678.56　￥80 940 210　￥4 801 426.03

实 验 小 结

手工记账书写是会计人员的基本功,是做好会计核算工作的基础,根据财政部 1996 年发布的《会计基础工作规范》规定,学生应熟练掌握会计手工记账的书写规范要求。

本实验重点训练阿拉伯数字的书写和大写数字的写法。

实验思考题

1. 财政部发布的《会计基础工作规范》中,对手工记账的书写有哪些规定?
2. 在账簿中用阿拉伯数字写出:贰拾壹万捌仟伍佰元肆角,叁万陆仟柒佰壹拾贰元伍角玖分,肆仟柒佰万零贰佰肆拾壹元零捌分,壹万叁仟陆佰元,叁拾玖万柒仟零伍元叁角。

实验二

原始凭证的填制及审核

实验目的

通过本实验的训练，学生应掌握原始凭证的填制方法和要求，了解原始凭证的种类、各种原始凭证及每种原始凭证各联次在实际业务中的用途，以及原始凭证在会计核算中所起的作用和在核算过程中的传递程序。

实验要求

1. 掌握原始凭证的基本内容。
2. 了解原始凭证的种类。
3. 熟练掌握常用原始凭证的填制及审核方法。
4. 了解原始凭证的传递程序。

实验内容

一、原始凭证的内容

原始凭证又称单据，是在经济业务发生时，由业务经办人员直接取得或者填制、用以表明某项经济业务已经发生或者完成情况并明确有关经济责任的一种凭证。

原始凭证必须具备以下基本要素。

(1) 凭证的名称。
(2) 填制凭证的日期。
(3) 填制凭证单位的名称或者填制人的姓名。
(4) 经办人员的签名或盖章。
(5) 接收凭证单位的名称。
(6) 经济业务内容。
(7) 经济业务的数量、单价和金额。

此外，原始凭证一般还需载明凭证的附件和凭证的编号。

二、原始凭证的种类

(一) 按来源划分

原始凭证按来源划分为外来原始凭证和自制原始凭证。

(1) 外来原始凭证，如供应单位发货票，银行收款通知单，铁路、公路运费单等。

(2) 自制原始凭证，如收料单、领料单、产品出库单、工资结算单、收款收据、销货发票、成本计算单等。

（二）按填制方法划分

原始凭证按填制方法划分为一次原始凭证、累计原始凭证和汇总原始凭证。

(1) 一次原始凭证，如各种外来原始凭证。

(2) 累计原始凭证，如限额领料单、费用限额卡等。

(3) 汇总原始凭证，如收料单汇总表、工资汇总表、领料汇总表、差旅费报销单等。

（三）按经济业务的类别划分

原始凭证按经济业务的类别划分为款项收付业务原始凭证、出入库业务原始凭证、成本费用原始凭证、销货业务原始凭证和固定资产业务原始凭证等。

(1) 款项收付业务原始凭证，如现金借据、现金收据、领款单、零星购货发票、车船机票、医药费单据、银行支票、付款委托书、托收承付结算凭证等。

(2) 出入库业务原始凭证，如入库单、收料单、领料单、提货单、产品出库单等。

(3) 成本费用原始凭证，如工资单、工资费用汇总表、材料耗用汇总表、折旧费用分配表、制造费用分配表、产品成本计算单等。

(4) 销货业务原始凭证，如提货单、发货单、交款单、运费单据等。

(5) 固定资产业务原始凭证，如固定资产调拨单，固定资产移交清册，固定资产报废单，固定资产盘盈、盘亏报告单等。

三、原始凭证填制的基本要求

(1) 真实可靠，即如实填列经济业务内容，不弄虚作假，不涂改、挖补。

(2) 内容完整，即应该填写的项目要逐项填写（接受凭证方应注意逐项验明），不可缺漏，尤其需要注意的是年、月、日要按照填制原始凭证的实际日期填写；名称要写全，不能简化；品名和用途要填写明确，不许含糊不清；有关人员的签章必须齐全。

(3) 填制及时，即每当一项经济业务发生或完成，都需要立即填写原始凭证。

(4) 书写清楚，即字迹端正、易于辨认。

(5) 顺序使用，收付款项或实物的凭证要顺序或分类编号，在填制时按照编号的次序使用，跳号的凭证应加盖"作废"戳记，不得撕毁。

四、原始凭证填制及审核的附加要求

（一）从外单位取得的原始凭证

从外单位取得的原始凭证必须盖有填制单位的公章；从个人取得的原始凭证必须有填制人的签名或者盖章。自制原始凭证必须由经办部门负责人或其指定人员的签名或者盖章。对外开出的原始凭证必须加盖本单位的公章。

凡填有大小写金额的原始凭证，大小写金额必须相等。

（二）购买实物的原始凭证

购买实物的原始凭证必须有验收证明。实物购入以后，要按照规定办理验收手续，实物验收工作应由有关人员负责办理，会计人员通过有关原始凭证进行监督检查。需要入库的实物必须填写实物验收单，由仓库保管人员按照采购计划或供货合同验收后，在入库验收单上如实填写实收数额，并签名或盖章。不需要入库的实物，由经办人员在凭证上签名或者盖章以后，必须交由实物保管员或使用人员进行验收，并由实物保管员或使用人员在凭证上签名或盖章。经过购买人以外的第三者查证核实以后，会计人员才能据以报销付款并做进一步的会计处理。

（三）销货退回及退货款的凭证

发生销货退回及退货款时，必须填制退货发票，附有退货验收证明和对方单位的收款收据，不得以退货发票代替收据。

（四）职工出差借款的凭证

职工出差借款的借据必须附在记账凭证之后。职工出差借款时，应由本人按照规定填制借款单，由所在单位领导或其指定的人员审核，并签名或盖章，然后办理借款。职工出差回来将余款交回财务部门时，由出纳开具收据，一式两联，给借款人一联，另一联财务部门用以记账。

（五）批准文件作为原始凭证附件

对经上级有关部门批准的经济业务，应当将批准文件作为原始凭证附件。如果批准文件需要单独归档，应当在凭证上注明批准机关名称、日期和文件字号。

注意： 发现原始凭证有错误的，应当由开出单位重开或者更正。在更正处应当加盖开出单位的公章。

五、原始凭证的传递及审核

（1）经办人员要及时将原始凭证送交会计机构。
（2）会计人员对原始凭证的真实性、完整性、合法性进行审核。
（3）会计机构、会计人员对原始凭证有审核和不予接受不真实、不合法原始凭证的权利，并有义务向单位负责人报告。
（4）会计机构、会计人员对记载不准确、不完整的原始凭证有权予以退回，并有权要求经办人员按国家统一的会计制度更正、补充。

六、常用原始凭证

企业资料：宏伟针织服装公司成立于 2012 年 1 月 1 日，是以生产保暖内衣、家居服装等系列产品为主的企业，自成立之日起，就本着质量第一、服务于民的理念进行各项业务活动，产品一上市就打开了销路，订单不断。该公司位于滨城市白石路 30 号，电话 87651234，开户银行是中国工商银行白石路营业部，银行账号为 098765432111；该公司为增值税一般纳税人,纳税人识别号为24689000088776655H,增值税税率13%。出纳员为王红,材料仓库保管员为赵平,成品仓库保管员为英子。

要求:①根据本实验练习中的经济业务填写原始凭证;②同学之间交换、审核原始凭证。以下练习及要求均沿用该企业资料。

(一) 支票

支票是由出票人签发,委托办理支票存款业务的银行在见票时无条件支付确定金额给收款人或者持票人的票据。支票按支付票款的方式不同,分为普通支票、现金支票和转账支票。单位和个人在同一票据交换区域的各种款项结算,均可以使用支票。

1. 支票的填写方法

(1) 填写日期

签发日期应填写实际出票日期,支票正联出票日期必须使用中文大写数字:零、壹、贰、叁、肆、伍、陆、柒、捌、玖、拾。支票存根部分出票日期可用阿拉伯数字书写。例如,"2012年3月5日"应写为"贰零壹贰年叁月零伍日","叁月"前"零"字可写也可不写,"伍日"前"零"字必写。又如,"2009年2月14日"应写为"贰零零玖年零贰月壹拾肆日"。

注意:"壹月""贰月"前"零"字必须写,"叁月"至"玖月"前"零"字可写可不写。"10月"至"12月"必须写成"壹拾月""壹拾壹月""壹拾贰月"(前面多写了"零"字也认可,如"零壹拾月")。"壹日"至"玖日"前"零"字必写,"10日"至"19日"必须写成"壹拾日"及"壹拾×日"(前面多写了"零"字也认可,如"零壹拾伍日",下同),"20日"至"29日"必须写成"贰拾日"及"贰拾×日","30日"和"31日"必须写成"叁拾日"及"叁拾壹日"。

(2) 收款人

① 现金支票"收款人"栏可填写本单位名称,此时现金支票背面"被背书人"栏内加盖本单位的财务专用章和法人章,之后收款人可凭现金支票直接到开户银行提取现金。由于有的银行各营业点联网,所以也可到联网营业点取款,具体要视联网覆盖范围而定。

② 现金支票"收款人"栏可填写收款人个人姓名,此时现金支票背面不盖任何章,收款人在现金支票背面填上身份证号码和发证机关名称,凭身份证和现金支票签字领款。

③ 转账支票"收款人"栏应填写为对方单位名称。转账支票背面本单位不盖章。收款单位取得转账支票后,在支票背面"被背书人"栏内加盖收款单位财务专用章和法人章,填写好银行进账单后连同该支票交给收款单位的开户银行委托银行收款。

(3) 付款行名称、出票人账号

"付款行名称""出票人账号"栏应填写本单位开户银行名称及银行账号,账号小写。

(4) 人民币大写

数字大写写法:零、壹、贰、叁、肆、伍、陆、柒、捌、玖、拾、佰、仟、万、亿。

注意:"万"字不带单人旁。

(5) 人民币小写

最高金额的前一位空白格用"¥"字头替换,数字填写要求完整、清楚。

2. 支票的用途

（1）现金支票有一定限制，一般填写"备用金""差旅费""工资""劳务费"等。

（2）转账支票没有具体规定，可填写"货款""代理费"等。

3. 支票盖章

支票正面盖财务专用章和法人章，缺一不可，印泥为红色，印章必须清晰。如果印章模糊，只能将本张支票作废，换一张重新填写、重新盖章。注意事项如下。

（1）支票正面不能有涂改痕迹，否则本支票作废。

（2）受票人如果发现支票填写不全，可以补记，但不能涂改。

（3）支票的有效期为十天，日期首尾算一天。节假日顺延。

（4）支票见票即付，不记名。丢失支票尤其是现金支票可能就意味着票面金额数目的钱丢失，银行不承担责任。现金支票一般要素填写齐全，假如支票未被冒领，可在开户银行挂失；转账支票丢失的，假如支票要素填写齐全，在开户银行挂失，假如要素填写不齐，到票据交换中心挂失。

（5）出票单位现金支票背面印章模糊的，可把模糊印章打叉，重新再盖一次。

（6）收款单位转账支票背面印章盖模糊的，根据《中华人民共和国票据法》（以下简称《票据法》）规定，不能以重新盖章的方法补救，收款单位可带转账支票及银行进账单到出票单位的开户银行办理收款手续（不用支付手续费），俗称"倒打"，这样就不必到出票单位重新开支票了。

练习 2-1 2020 年 7 月 3 日，出纳王红提取现金 28 000 元备用，填制表 1-2-1 和表 1-2-2。

表 1-2-1

中国工商银行现金支票存根

中国工商银行
现金支票存根

支票号码　VX 01172600
附加信息＿＿＿＿＿＿＿＿
出票日期　　年　　月　　日
收款人：
金　额：
用　途：
单位主管　　　会计

表 1-2-2

中国工商银行现金支票

中国工商银行　现金支票　VX 01172600

出票日期(大写)　年　月　日　　付款行名称：中国工商银行白石路办事处
收款人：　　　　　　　　　　　　出票人账号：098765432111

人民币(大写)	千	百	十	万	千	百	十	元	角	分

用途＿＿＿＿＿＿　　　　　　　科目(借)＿＿＿＿＿＿＿＿
上列款项请从　　　　　　　　　对方科目(贷)＿＿＿＿＿＿
我账户内支付　　　　　　　　　付讫日期　　年　月　日
出票人签章　　　　　　　　　　出纳　　复核　　记账

本支票付款期限十天

练习 2-2 2020 年 7 月 4 日，王红签发转账支票，支付上月欠红林木材厂的购买木材款 237 000 元，填制表 1-2-3 和表 1-2-4。

表 1-2-3

中国工商银行转账支票存根

中国工商银行
转账支票存根

支票号码 VX 01172601
附加信息 _____
出票日期　年　月　日

| 收款人： |
| 金　额： |
| 用　途： |

单位主管　　　会计

表 1-2-4

中国工商银行转账支票

中国工商银行　转账支票　VX 01172601

出票日期(大写)　　年　月　日　　付款行名称：中国工商银行白石路办事处
收款人：　　　　　　　　　　　　　出票人账号：098765432111

| 人民币(大写) | 千 | 百 | 十 | 万 | 千 | 百 | 十 | 元 | 角 | 分 |

用途_____　　　　　　　　科目(借)_____
上列款项请从　　　　　　　　 对方科目(贷)_____
我账户内支付　　　　　　　　 转账日期　年　月　日
出票人签章　　　　　　　　　 出纳　复核　记账

本支票付款期限十天

练习 2-3 2020 年 7 月 12 日，出纳王红提取现金 328 000 元备发工资，填制表 1-2-5 和表 1-2-6。

表 1-2-5

中国工商银行现金支票存根

```
中国工商银行
现金支票存根
支票号码  VX 01172602
附加信息_____
出票日期   年   月   日
  收款人：
  金  额：
  用  途：
  单位主管      会计
```

表 1-2-6

中国工商银行现金支票

中国工商银行　现金支票　VX 01172602

本支票付款期限十天

出票日期(大写)　　年　月　日　　付款行名称：中国工商银行白石路办事处
收款人：　　　　　　　　　　　　出票人账号：098765432111

人民币(大写)	千	百	十	万	千	百	十	元	角	分

用途_____　　　　　　　　　　科目(借)_____
上列款项请从　　　　　　　　　　对方科目(贷)_____
我账户内支付　　　　　　　　　　付讫日期　　年　月　日
出票人签章　　　　　　　　　　　出纳　　复核　　记账

练习 2-4　2020 年 7 月 15 日，王红签发转账支票，向市供电公司支付车间用电费 5 000 元，填制表 1-2-7 和表 1-2-8。

表 1-2-7

中国工商银行转账支票存根

中国工商银行

转账支票存根

支票号码　　VX 01172603

附加信息＿＿＿＿＿＿＿＿＿＿

出票日期　　年　月　日

| 收款人： |
| 金　额： |
| 用　途： |

单位主管　　　　会计

表 1-2-8

中国工商银行转账支票

中国工商银行　　转账支票　　VX 01172603

出票日期(大写)　　年　　月　　日　　　付款行名称：中国工商银行白石路办事处
收款人：　　　　　　　　　　　　　　　出票人账号：098765432111

人民币(大写)	千	百	十	万	千	百	十	元	角	分

用途＿＿＿＿　　　　　　　　　　　科目(借)＿＿＿＿＿＿
上列款项请从　　　　　　　　　　　对方科目(贷)＿＿＿＿＿＿
我账户内支付　　　　　　　　　　　转账日期　　　年　月　日
出票人签章　　　　　　　　　　　　出纳　　复核　　记账

本支票付款期限十天

（二）银行进账单

银行进账单是持票人或收款人将票据款项存入收款人在银行账户的凭证，也是银行将票据款项记入收款人账户的凭证。

1. 银行进账单的使用

银行进账单与支票配套使用，可以一张支票填制一份银行进账单，也可以将多张支票（不超过4笔）汇总金额后填制一份银行进账单，即允许办理一收多付（一贷多借）的银行进账单。对一些收受支票业务量较大的收款单位，如商业（供销）批发零售等企业经其开户银行审查同意，也可以抄附票据清单，汇总填写银行进账单，委托银行办理收款。这样规定的目的主要是方便客户、简化手续，以减轻客户填制凭证的压力。

2. 银行进账单的办理

对于办理一收多付（一贷多借）的银行进账单，客户必须根据不同的票据种类和支票签发人所属的不同票据交换行处分别填制，不得混淆。这样处理的主要原因：一是票据种类不同，如支票、银行汇票，在银行内部核算处理的方法和要求也不一样；二是由于路途远近、交通情况等客观条件的限制，一些基层交换行处有的可以参加两次交换，有的只能参加一次交换，在交换票据的处理、资金的抵用时间等方面就存在差异。鉴于上述原因，为了保证客户及时用款，因此这样规定。

3. 银行进账单的填写

银行进账单上填列的收款人名称、账号、金额等内容均不得更改，其他项目内容应根据所附支票的相关内容据实填列。这是因为银行受理票据后，支票和银行进账单两者分离，要分别在不同的柜组或行处之间进行核算处理，为了防止差错纠纷和经济案件的发生，便于事后查找，故作此明确规定。

注意： 银行进账单最下端的磁码区域必须保持清洁，任何企事业单位或个人不得在此区域内书写或盖章，其目的、作用与支票相同。

练习2-5 2020年7月21日，收到北良公司（账号：103050799990，开户银行：中国工商银行铁岭营业部）货款35 000元的转账支票一张。填制银行进账单存入该货款，见表1-2-9。

表 1-2-9

中国工商银行进账单(回单或收账通知)

年　　月　　日　　　　　　　第 01 号

收款人	全称		付款人	全称	
	账号			账号	
	开户银行			开户银行	

| 人民币(大写): | | 千 | 百 | 十 | 万 | 千 | 百 | 十 | 元 | 角 | 分 |

票据种类		票据张数	
票据号码			

单位主管　　会计　　复核　　记账　　　　　　收款人开户银行盖章

此联是收款人回单或收账通知　　收款人开户银行交给

练习 2-6　2020 年 7 月 23 日，收到天星商场（账号：661144012335；开户银行：工商银行辽阳营业部）货款 23 400 元的转账支票一张。填制银行进账单存入该货款，见表 1-2-10。

表 1-2-10

中国工商银行进账单(回单或收账通知)

年　　月　　日　　　　　　　第 02 号

收款人	全称		付款人	全称	
	账号			账号	
	开户银行			开户银行	

| 人民币(大写): | | 千 | 百 | 十 | 万 | 千 | 百 | 十 | 元 | 角 | 分 |

票据种类		票据张数	
票据号码			

单位主管　　会计　　复核　　记账　　　　　　收款人开户银行盖章

此联是收款人回单或收账通知　　收款人开户银行交给

（三）收据

收据是收款单位开给交款人的凭据，由收款单位填制，一式三联：第一联为存根，由收款单位留存；第二联为收据，由交款人收存；第三联供财会部门记账。

收款单位根据交款人交来的款项填写收据，应写明交款单位、交款人姓名、交款的原因和数额，当面点清交款数额后，将收据给交款人收存。

练习 2-7　2020 年 7 月 27 日，收到辉煌公司押金 3 000 元。填制收据，见表 1-2-11。

表 1-2-11

收 据

年　　月　　日　　　　　　　　　　　　　　　　　第 001 号

交款单位或姓名	
款项内容	
金　额	人民币(大写)　　　　　　　　　　　　　¥_____

收款单位公章　　　　　　　　　收款　　　　　　　　交款

练习 2-8　2020 年 7 月 27 日，收到李佳个人还款 560.4 元。填制收据，见表 1-2-12。

表 1-2-12

收 据

年　　月　　日　　　　　　　　　　　　　　　　　第 002 号

交款单位或姓名	
款项内容	
金　额	人民币(大写)　　　　　　　　　　　　　¥_____

收款单位公章　　　　　　　　　收款　　　　　　　　交款

（四）现金缴款单

现金缴款单也称现金送款单，是送款单位在缴送现金时填制的，该单为一式三联。第一联：收入凭证；第二联：付联；第三联：回单。三联必须一次复写填制，不得涂改；如填制错误，不得撕掉，要保留备案。

送款单位填写现金缴款单时，应将现金按不同券别的张数、金额填写清楚，并与总金额核对一致。银行将现金清点后，在第三联回单上盖章并退还缴款单位，第一联和第二联留存分别作为现金收入传票和代现金收入日记簿。

练习 2-9　2020 年 7 月 27 日，出纳王红当日收到现金 3 560.4 元（100 元面额 35 张，10 元面额 6 张，1 角面额 4 张），填制现金缴款单交存银行，见表 1-2-13。

表 1-2-13

中国工商银行现金缴款单(回单)　　　③No 435011

年　　月　　日

款项来源		收款单位	全称								
缴款部门			账号								
人民币(大写)：				十	万	千	百	十	元	角	分
种类	张数	种类	张数	种类	张数	种类	张数	（银行盖章）			
壹佰元		伍元		伍角		伍分					
伍拾元		贰元		贰角		贰分		收款 复核			
拾元		壹元		壹角		壹分					

此联由银行盖章退回单位

（五）发票

发票是指单位和个人在购销商品、提供劳务或接受劳务、服务及从事其他经营活动时提供给对方的收付款的书面证明，是财务收支的法定凭证，是会计核算的原始依据，也是审计机关、税务机关执法检查的重要依据。发票的重要意义有以下几方面。

（1）发票是会计最基本的原始凭证。

（2）发票是记录经济活动内容的载体，也是财务管理的重要工具。

（3）发票是税务机关控制税源、征收税款的重要依据。

（4）发票是国家监督经济活动、维护经济秩序、保护国家财产的重要手段。

1. 发票的种类及要求

常见的发票类型按不同标准划分包括增值税普通发票、增值税专用发票、机打发票、定额发票等，具体见表1-2-14。

表1-2-14

开票系统	种　类	
增值税发票管理系统开具的发票	增值税专用发票	
	增值税普通发票	卷式（纸质）发票 联式（纸质）发票 电子发票
	机动车销售统一发票	
非增值税发票管理系统开具的发票	通用机打发票	
	通用定额发票	
	二手车销售统一发票	
	机票行程单、车票、门票、收据等	

现在用得最多的就是增值税专用发票和增值税普通发票，销售方在开具增值税专用发票和增值税普通发票时，必须要满足以下要求。

（1）项目要齐全，要与实际交易相符。

（2）字迹要清楚，不得压线，不得错格。

（3）发票联和抵扣联要加盖销售方的发票专用章。

（4）要按照增值税纳税义务人的发生时间开具。

2. 增值税专用发票与增值税普通发票的区别

增值税专用发票与增值税普通发票的区别，见表1-2-15。

表 1-2-15

区别	增值税专用发票	增值税普通发票
1	取得可抵扣进项税额	取得不可抵扣进项税额
2	购买方填写提供内容： ① 名称 ② 纳税人识别号 ③ 地址、电话 ④ 开户行及账号	购买方填写内容： ① 名称 ② 纳税人识别号
3	销售方填写内容： ① 名称 ② 纳税人识别号 ③ 地址、电话 ④ 开户行及账号	销售方填写内容： ① 名称 ② 纳税人识别号 ③ 地址、电话 ④ 开户行及账号
4	纸质	纸质或电子
5	联式	联式或卷式
6	购买方为企业	购买方为企业或个人

3. 增值税专用发票使用规定和领购

（1）增值税专用发票使用规定

增值税专用发票的基本联次：**记账联、抵扣联和发票联**。第一联为记账联，作为销售方核算销售收入和增值税销项税额的记账凭证。第二联为抵扣联，作为购买方报送主管税务机关认证和留存备查的凭证。第三联为发票联，作为购买方核算采购成本和增值税进项税额的记账凭证。

（2）增值税专用发票的领购

增值税一般纳税人有下列情形之一的，不得领购开具专用发票。

① 会计核算不健全，不能向税务机关准确提供增值税销项税额、进项税额、应纳税额及其他有关增值税税务资料的。

② 有《中华人民共和国税收征收管理法》规定的税收违法行为，拒不接受税务机关处理的。

③ 有违反《中华人民共和国发票管理办法》规定情形的，经税务机关责令限期改正而仍未改正的。

4. 增值税普通发票的种类及使用

增值税普通发票（含电子发票和卷式发票）：是增值税纳税人销售货物或者提供应税劳务、服务时，通过增值税税控系统开具的普通发票。

增值税普通发票的电子发票为一式两联。第一联为记账联，销货方作为记账凭证；第二联为发票联，购货方作为记账凭证。

增值税普通发票的卷式发票，为定长发票。发票宽度有 76mm、57mm 两种，长度固定为 177.8mm。发票基本联次为一联，即"发票联"。发票印制的基本内容包括：发票名称、发票监制章、发票联、发票代码、发票号码、黑标定位符和二维码等。发票印制二维码中包含发票代码和发票号码信息，用于发票查验时的快速扫描录入。

自 2017 年 7 月 1 日起，开具增值税普通发票需提供企业的名称及对应的税号，否则发票将无法用于企业报销，即无法作为税收凭证。除了对税号有要求，对于发票所开具的内容也有明确的规定，销售方必须开具与自己经济业务相符的名称，购买方不得随意变更开票的名称及金额。

5. 增值税专用发票的填写要求

开票单位在开具发票时应按以下规定进行填开。

（1）用票单位取得经营收入时要到税务部门购买空白增值税发票，在防伪税控开票系统中开票，发生退货或错票退票时要开负数票。常用的是一式三联票。

（2）"金额"栏应填写不含税的销售额。在票面上反映的是数量乘单价所得的积。"合计"栏应填写本发票所填开的不含税销售额之和，单位、数量、单价的"合计"栏不填写。

（3）"税率"栏应填写依照税收法规规定所确定的税率，税率"合计"栏不用填写。"税额"栏应填写金额乘税率所得的积，税额"合计"栏应填写本份发票税额合计数。

（4）"价税合计"栏填写金额合计加税额合计之和，并用汉字大写数码填写，"￥"码后用阿拉伯数字填写价税合计数。

（5）"销货单位"的"名称""地址、电话""纳税人识别号""开户行及账号"等信息已事先在系统中设置完成。

（6）"收款人"栏由收款人、复核人、开票人签字或盖章，姓名不得省略。"销货单位"栏应加盖在税务机关的发票发售部门预留印鉴的"发票专用章"或"财务专用章"。

（7）购货时取得的增值税抵扣联，都要经过税务部门验证。验证后，方可作为抵扣依据，月末加封皮装订成册以备查核。

练习 2-10 2020年7月9日，宏伟针织服装公司销售给辽北商场（纳税人识别号：91205670155476616R；地址：铁南区山路108号；电话：78781255；开户银行：中国工商银行山路支行；账号：343156009112）家居服500套，每套售价180元，增值税税率为13%，收到转账支票一张，填制表1-2-16。

表 1-2-16

增值税专用发票

No 04711135

记 账 联　　开票日期：　　年　　月　　日

购货单位	名　　称：					密码区			
	纳税人识别号：								
	地址、电话：								
	开户行及账号：								
货物或应税劳务、服务名称		规格型号	单位	数量	单价	金额	税率	税额
合计						¥		¥
价税合计(大写)						(小写)¥		
销货单位	名　　称：					备注		（宏伟针织服装公司发票专用章）
	纳税人识别号：							
	地址、电话：							
	开户行及账号：							

收款人：　　　复核：　　　开票人：　　　销货单位(章)

练习 2-11 2020年7月12日，销售给大冷商贸公司（地址：抚顺市红旗路8号；电话：67840985；纳税人识别号：16380405054896212D；开户银行：中国工商银行红旗路营业部；账号：619554421012）保暖内衣800套，单价640元，增值税税率为13%。货款尚未收到。填制增值税专用发票，见表1-2-17。

表 1-2-17

增值税专用发票

No 04711136

记 账 联　　开票日期：　　年　　月　　日

购货单位	名　　称：					密码区			
	纳税人识别号：								
	地址、电话：								
	开户行及账号：								
货物或应税劳务、服务名称		规格型号	单位	数量	单价	金额	税率	税额
合计						¥		¥
价税合计(大写)						(小写)¥		
销货单位	名　　称：					备注		（宏伟针织服装公司发票专用章）
	纳税人识别号：							
	地址、电话：							
	开户行及账号：							

收款人：　　　复核：　　　开票人：　　　销货单位(章)

练习 2-12　2020 年 7 月 26 日，销售给兴龙公司（地址：大理市泉水街 11 号，电话：40862211；纳税人识别号：88035932123007723X；开户银行：中国工商银行泉水营业部；账号：261041730218）羊绒内衣 600 件，单价 410 元，增值税税率为 13%。货款已收到入账，填制表 1-2-18。

表 1-2-18

增值税专用发票

No 04711137

记 账 联　　开票日期：　　年　　月　　日

购货单位	名　称：					密码区			第一联：记账联 销货方记账凭证
	纳税人识别号：								
	地址、电话：								
	开户行及账号：								
货物或应税劳务、服务名称	规格型号	单位	数量	单价	金额		税率	税额	
合计					¥			¥	
价税合计(大写)					(小写)¥				
销货单位	名　称：					备注			
	纳税人识别号：								
	地址、电话：								
	开户行及账号：								

收款人：　　　　复核：　　　　开票人：　　　　销货单位(章)

练习 2-13　2020 年 7 月 30 日，销售给明花商场（地址：永明市和平路 25 号，电话：32057681，纳税人识别号：11074737818183555M；开户银行：中国工商银行和平营业部；账号：132022041597）背心 2 000 件，单价 33 元，增值税税率 13%，现已收到银行收账通知，填制表 1-2-19。

表 1-2-19

增值税专用发票

No 04711138

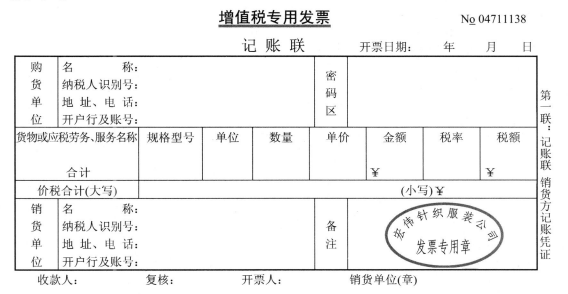

记 账 联　　开票日期：　　年　　月　　日

购货单位	名　称：					密码区			第一联：记账联 销货方记账凭证
	纳税人识别号：								
	地址、电话：								
	开户行及账号：								
货物或应税劳务、服务名称	规格型号	单位	数量	单价	金额		税率	税额	
合计					¥			¥	
价税合计(大写)					(小写)¥				
销货单位	名　称：					备注			
	纳税人识别号：								
	地址、电话：								
	开户行及账号：								

收款人：　　　　复核：　　　　开票人：　　　　销货单位(章)

（六）收料单

收料单是企业购买材料验收入库时填写的，又称材料验收入库单，是由企业供销部门填制的，一式四联：第一联为存根；第二联供仓库记账；第三联供材料会计记账；第四联交统计部门。

购货单位供销部门有关人员根据发货票和提货通知等凭证填写材料验收入库单，通知仓库办理验收入库；仓库验收入库后将材料验收入库单的第三联、第四联分别传递给财会部门和统计部门；财会部门据以办理货款结算和账务处理有关事项。

练习 2-14 2020 年 7 月 2 日，收到齐明公司发来的锦纶短纤 8 000 千克，每千克 30 元，价款为 240 000 元；山羊绒 200 千克，每千克 140 元，价款为 28 000 元；运费为 820 元（按重量比例分摊）。款项已在上月汇出，材料验收入库，填制表 1-2-20。

表 1-2-20

收 料 单

供应单位：　　　　　　　　　　　　年　月　日　　　　　　　　　字第 001 号

材料类别：

材料编号	名称	规格	计量单位	数量		实际成本					计划成本	
				应收	实收	买价		运杂费	其他	合计	单位成本	金额
						单价	金额					

仓库负责人：　　　　记账：　　　　仓库保管员：　　　　收料：

练习 2-15 2020 年 7 月 13 日，收到本市华成公司发来的腈纶毛条 1 000 千克，每千克 20 元，价款为 20 000 元，运费为 500 元。款项已支付，材料验收入库，填制表 1-2-21。

表 1-2-21

收 料 单

供应单位：　　　　　　　　　　　　年　月　日　　　　　　　　　字第 002 号

材料类别：

材料编号	名称	规格	计量单位	数量		实际成本					计划成本	
				应收	实收	买价		运杂费	其他	合计	单位成本	金额
						单价	金额					

仓库负责人：　　　　记账：　　　　仓库保管员：　　　　收料：

（七）领料单

领料单是领料部门领用材料时填写的单据，一式四联：第一联为存根；第二联供仓库记账；第三联供材料会计记账；第四联交统计部门。领料单有一单一料、一单多料和限额领料单多种格式。

领料部门按规定填写领料单（请领数量）送交仓库，仓库对领料单审核后发料（实发数量），并将领料单的第三联和第四联分别交财会部门和统计部门；财会部门根据领料单进行价值核算。

练习 2-16　2020 年 7 月 10 日，一车间领用锦纶短纤、腈纶毛条两种材料生产保暖内衣；保暖内衣投产 100 件，耗用锦纶短纤 2 000 千克，单位成本 30.1 元；腈纶毛条 100 千克，单位成本 20.5 元，填制表 1-2-22。

表 1-2-22

领 料 单

领料部门：　　　　　　　开票日期：　　年　月　日　　　　　字第 0010 号

材料编号	材料名称	规格	单位	请领数量	实发数量	实际成本	
						单价	金额
用途			领料部门		发料部门		
			负责人	领料人	核准人	发料人	

练习 2-17　2020 年 7 月 19 日，二车间生产羊绒内衣，羊绒内衣投产 80 件，耗用锦纶短纤 2 400 千克，单位成本 30.1 元；耗用山羊绒 300 千克，单位成本 140.1 元，填制表 1-2-23。

表 1-2-23

领 料 单

领料部门：　　　　　　　开票日期：　　年　月　日　　　　　字第 0011 号

材料编号	材料名称	规格	单位	请领数量	实发数量	实际成本	
						单价	金额
用途			领料部门		发料部门		
			负责人	领料人	核准人	发料人	

练习 2-18 2020 年 7 月 27 日，整理车间一般耗用山羊绒 50 千克，单位成本 140.1 元；耗用腈纶毛条 100 千克，成本 20.5 元，填制表 1-2-24。

表 1-2-24

领 料 单

领料部门：　　　　　　　　　开票日期：　　　　年　　月　　日　　　　　　　字第 0012 号

材料编号	材料名称	规格	单位	请领数量	实发数量	实际成本	
						单价	金额
用途		领料部门			发料部门		
		负责人	领料人		核准人	发料人	

（八）产品入库单

产品入库单又称库存商品（产成品）验收入库单，是由生产部门填制的，一式四联：第一联为存根；第二联供仓库记账；第三联供财会部门记账；第四联交统计部门。

生产车间将产成品（已完成全部生产过程，合乎标准规格和技术条件，可作为商品对外销售的产品）送仓库验收入库，并填写产成品验收入库单；仓库据以验收入库，清点无误、签章后，将产成品验收入库单的第三联和第四联分别送交财会部门和统计部门。

练习 2-19 2020 年 7 月 30 日，整理车间完工入库保暖内衣 700 套，全部合格，单位生产成本为 205 元；羊绒内衣 600 件，全部合格，单位生产成本为 140 元，填制表 1-2-25。

表 1-2-25

产品入库单

交库单位：　　　　　　　　　　　年　　月　　日　　　　　　　　第 0102 号

产品名称	交验数量	检验结果		实收数量	计量单位	单位成本	金额
		合格	不合格				
合计							

生产车间：　　　　　　　　检验人：　　　　　　　仓库经手人：

练习 2-20 2020 年 7 月 31 日，整理车间完工入库保暖内衣 300 套，全部合格，单位生产成本为 205 元；羊绒内衣 200 件，单位生产成本为 140 元，填制表 1-2-26。

表 1-2-26

产品入库单

交库单位：　　　　　　　　　　　　　年　月　日　　　　　　　　　　　　第 0103 号

产品名称	交验数量	检验结果		实收数量	计量单位	单位成本	金额
		合格	不合格				
合计							

生产车间：　　　　　　　　　检验人：　　　　　　　　仓库经手人：

（九）产品出库单

产品出库单是产品出库时填制的原始凭证。该凭证为复写凭证，一式三联或四联：第一联为销售记录；第二联供财会部门据以登记产成品明细账；第三联供仓库记账，作为仓库明细账的依据；第四联为领用凭证。

练习 2-21 2020 年 7 月 30 日，销售给海大商场保暖内衣 500 套，羊绒内衣 350 件，结转销售成本，填制表 1-2-27。

表 1-2-27

产品出库单

用途：　　　　　　　　　　　　　　年　月　日　　　　　　　　　　　　第 080 号

产品名称	计量单位	数量	单位成本	金额
合计				

记账：　　　　　保管：　　　　　检验：　　　　　经手人：

练习 2-22 2020 年 7 月 31 日，销售给海大商场保暖内衣 300 套，羊绒内衣 250 件，结转销售成本，填制表 1-2-28。

表 1-2-28

产品出库单

用途：　　　　　　　　　　　　　　年　月　日　　　　　　　　　　　　第 081 号

产品名称	计量单位	数量	单位成本	金额
合计				

记账：　　　　　保管：　　　　　检验：　　　　　经手人：

实验小结

本实验介绍了原始凭证的用途、内容、填制方法及要求,原始凭证的审核内容、规则及传递程序。

本实验重点训练常用自制原始凭证的填制方法,了解对外来原始凭证的审核内容、规则,以及原始凭证在会计核算中的传递程序。

实验思考题

宏伟针织服装公司发生下列经济业务,应取得或填制哪些原始凭证?指出哪些是自制原始凭证,哪些是外来原始凭证。

(1) 从向新公司(一般纳税人)购买一批布料,按照购货合同,企业已签发转账支票付款。

(2) 上述布料已经到货,验收合格入库。

(3) 采购员高进出差,预借差旅费 3 000 元。

(4) 仓库发出服装 160 件。

(5) 销售服装 100 件给光明商场,已通过运输公司办理货物运输,现金支付运费 1 100元。

(6) 收到光明商场的服装货款 24 000 元的支票一张。

(7) 出纳王红收到桦木公司包装物押金 1 000 元。

(8) 车间领用纽扣、拉链等配料。

(9) 高进出差返回,报销火车票费用 640 元、住宿费 2 000 元,余款退回。

(10) 整理车间将完工产品 1 500 件转入库房。

(11) 公司办公室从景晖商城购买一批办公用品,价值 980 元。

实验三

记账凭证的填制及审核

实验目的

通过本实验的训练,学生应了解记账凭证的种类、内容和传递程序,掌握收款凭证、付款凭证、转账凭证的用途、填制方法和审核要求。

实验要求

1. 了解记账凭证的种类和内容。
2. 掌握收款凭证、付款凭证、转账凭证的填制方法。
3. 掌握收款凭证、付款凭证、转账凭证的内容及审核要求。
4. 了解记账凭证在财务部门的传递程序。

实验内容

一、记账凭证的内容

记账凭证俗称传票,是对经济业务按其性质加以归类、确定会计分录,并据以登记会计账簿的凭证。记账凭证必须具备以下基本要素。

(1) 填制凭证的日期。
(2) 凭证的名称和编号。
(3) 经济业务的摘要。
(4) 应记会计科目(包括一级科目、二级科目和明细科目),方向及金额。
(5) 记账符号。
(6) 所附原始凭证的张数。
(7) 填制人员、稽核人员、记账人员和会计主管人员(收款凭证和付款凭证还应增加出纳人员)的签名或印章。

二、记账凭证的种类

(一) 按用途划分

1. 专用记账凭证

专用记账凭证是按经济业务的某种特定属性定向使用的凭证,共有 3 种:收款凭证、付款凭证、转账凭证。

(1) 收款凭证。专门用于登记现金和银行存款收入的业务。

(2) 付款凭证。专门用于登记现金和银行存款支出的业务。
(3) 转账凭证。专门用于登记现金和银行存款收付业务以外的转账业务。

2. 通用记账凭证

通用记账凭证是为各类经济业务共同使用的凭证，也称标准凭证，适用于经济业务内容比较单一、数量较少的单位。

（二）按填制方法划分

1. 复式记账凭证

复式记账凭证是将一项经济业务所涉及的各有关会计科目都集中在一起填制的凭证。

2. 单式记账凭证

单式记账凭证是将一项经济业务所涉及的各个会计科目分别填制的凭证。

3. 汇总记账凭证

汇总记账凭证是将许多同类记账凭证逐日或定期（3天、5天、10天等）加以汇总后填制的凭证。

三、记账凭证的填制

（一）记账凭证填制的基本要求

(1) 审核无误。在对原始凭证审核无误的基础上填制记账凭证。
(2) 内容完整。记账凭证应该包括的内容都要具备。
(3) 分类正确。据经济业务的内容，正确区分不同类型的原始凭证，正确应用会计科目。
(4) 连续编号。记账凭证应该连续编号，每月从"1"开始。

（二）记账凭证填制的具体要求

(1) 除结账和更正错误外，记账凭证必须附有原始凭证并注明原始凭证的张数。
(2) 一张原始凭证所列的支出需要由两个以上的单位共同负担时，应当由保存该原始凭证的单位开给其他应负担单位原始凭证分割单。
(3) 记账凭证的编号有多种方法。
(4) 填制记账凭证时如果发生错误，应当重新填制。
(5) 记账凭证填制完经济业务事项后，如有空行，应当在"金额"栏自最后一笔金额数字下的空行处至合计数上的空行处画线注销。
(6) 正确编制会计分录并保持借贷平衡。
(7) 摘要应与原始凭证内容一致，能正确反映经济业务的主要内容，表述简练精确。
(8) 只涉及现金和银行存款之间收付的经济业务，应以付款业务为主，只填制付款凭证，不填制收款凭证。

（三）具体业务练习

发放标准的专用记账凭证（收款凭证7张，付款凭证10张，转账凭证17张）。

要求：根据下列发生的经济业务编制原始凭证。对这些原始凭证进行审核，再根据审核无误的原始凭证编制专用记账凭证，并签名。

练习 3-1 2020 年 7 月 5 日,收到华西化纤厂发来的锦纶短纤 8 000 千克,单价 40 元,运费为 800 元,款项汇出,见表 1-3-1~表 1-3-3。

表 1-3-1

增值税专用发票

No 04711183

抵 扣 联　　　　　　　　　开票日期:2020 年 7 月 5 日

购货单位	名　　称:宏伟针织服装公司 纳税人识别号:24689000088776655H 地　址、电　话:滨城市白石路 30 号　87651234 开户行及账号:中国工商银行白石路营业部　098765432111	密码区			
货物或应税劳务、服务名称	规格型号	单位	数量	单价	金额	税率	税额
锦纶短纤		千克	8 000	40.00	320 000.00	13%	41 600.00
合计					¥320 000.00		¥41 600.00
价税合计(大写)	叁拾陆万壹仟陆佰元整				(小写)¥361 600.00		
销货单位	名　　称:华西化纤厂 纳税人识别号:20585099892345000C 地　址、电　话:春城市平扬街 514 号　52542677 开户行及账号:中国工商银行春城市分行　321654318008	备注	(华西化纤厂发票专用章)			

收款人:高权　　　　复核:曾里　　　　开票人:早地　　　　销货单位(章)

表 1-3-2

增值税专用发票

No 34012222

抵 扣 联　　　　　　　　　开票日期:2020 年 7 月 5 日

购货单位	名　　称:宏伟针织服装公司 纳税人识别号:24689000088776655H 地　址、电　话:滨城市白石路 30 号　87651234 开户行及账号:中国工商银行白石路营业部　098765432111	密码区			
货物或应税劳务、服务名称	规格型号	单位	数量	单价	金额	税率	税额
*运输服务*运费					800.00	9%	72.00
合计					¥800.00		¥72.00
价税合计(大写)	捌佰柒拾贰元整				(小写)¥872.00		
销货单位	名　　称:远达运输公司 纳税人识别号:34585099892343210Y 地　址、电　话:春城市桂林街 14 号　52548907 开户行及账号:中国工商银行春城市分行　021654318012	备注	(远达运输公司发票专用章)			

收款人:赵飞　　　　复核:彭鹏　　　　开票人:张一鸣　　　　销货单位(章)

表 1-3-3

中国工商银行信汇凭证(回单)

委托日期 2020 年 7 月 5 日　　　　流水号 02103

汇款方式		□普通		□加急										
汇款人	全　称	宏伟针织服装公司	收款人	全　称	华西化纤厂									
	账　号	098765432111		账　号	321654318008									
	汇出行名称	中国工商银行白石路营业部		汇入行名称	中国工商银行春城市分行									
金额	(大写)人民币：叁拾陆万贰仟肆佰柒拾贰元整				千	百	十	万	千	百	十	元	角	分
						¥3	6	2	4	7	2	0	0	
			支付密码 附加信息及用途：支付购买材料款 客户签章											

会计主管：　　　授权：　　　复核：　　　录入：

练习 3-2　2020 年 7 月 6 日，材料验收入库，填制表 1-3-4。

表 1-3-4

材料验收入库单

供应单位：
发票号：4711183　　　　　　年　　月　　日　　　　材收第 201 号

材料类别	名称	规格	计量单位	数量		单价	金额							
				应收	实收		百	十	万	千	百	十	元	角	分
检验结果 合格 检验员签章：				运杂费										
				合计										
备注														

仓库主管：　　　收料人：　　　经办人：

练习 3-3　2020 年 7 月 12 日，发放工资，填制表 1-3-5。

表 1-3-5

工资结算汇总表

年　　月　　日　　　　　　　　　　　　　　　　单位：元

部门	基本工资	岗位工资	工龄工资	各种补贴	应付工资	各种扣款	实付工资
生产车间工人							
车间管理人员							
行政管理人员							
销售机构人员							
合计							328 000

练习 3-4 2020 年 7 月 17 日，收到天立公司发来购买的材料及运费的增值税发票，运费按重量比例分配，款已汇出，见表 1-3-6~表 1-3-9。

表 1-3-6

增值税专用发票

No 05511602

抵 扣 联　　　　　开票日期：2020 年 7 月 17 日

购货单位	名　称：宏伟针织服装公司 纳税人识别号：24689000088776655H 地址、电话：滨城市白石路 30 号　87651234 开户行及账号：中国工商银行白石路营业部　098765432111						密码区		
货物或应税劳务、服务名称	规格型号	单位	数量	单价	金额		税率	税额	
皮棉		千克	1 000	28.00	28 000.00		13%	3 640.00	
腈纶毛条		千克	4 000	18.00	72 000.00			9 360.00	
合计					¥100 000.00			¥13 000.00	
价税合计(大写)	壹拾壹万叁仟元整					(小写) ¥113 000.00			
销货单位	名　称：天立公司 纳税人识别号：42058509989231711T 地址、电话：平洲市花园路 25 号　33068696 开户行及账号：中国建设银行平洲分行　123654310080						备注	天立公司 发票专用章	

收款人：王季　　　复核：包艾　　　开票人：李阳　　　销货单位(章)

表 1-3-7

增值税专用发票

No 34012289

抵 扣 联　　　　　开票日期：2020 年 7 月 17 日

购货单位	名　称：宏伟针织服装公司 纳税人识别号：24689000088776655H 地址、电话：滨城市白石路 30 号　87651234 开户行及账号：中国工商银行白石路营业部　098765432111						密码区		
货物或应税劳务、服务名称	规格型号	单位	数量	单价	金额		税率	税额	
*运输服务*运费					450.00		9%	40.50	
合计					¥450.00			¥40.50	
价税合计(大写)	肆佰玖拾元伍角整					(小写) ¥490.50			
销货单位	名　称：鸿远运输公司 纳税人识别号：00585099892343210Y 地址、电话：平洲市桂小石路 8 号　78908907 开户行及账号：中国工商银行平洲市分行　091243180120						备注	鸿远运输公司 发票专用章	

收款人：伍丽　　　复核：章薇　　　开票人：李斯司　　　销货单位(章)

表1-3-8

材料运费分配表

2020年7月17日

材料名称	分配标准/千克	分配率	分配额/元	备注
皮棉	1			
腈纶毛条	4			
	5		450.00	

表1-3-9

中国工商银行信汇凭证(回单)

委托日期　2020年 7 月 17 日　　　流水号 891

汇款方式		□普通　　　□加急										
汇款人	全　称	宏伟针织服装公司	收款人	全　称	天立公司							
	账　号	098765432111		账　号	123654310080							
	汇出行名称	中国工商银行白石路营业部		汇入行名称	中国建设银行平洲分行							
金额	(大写)人民币：壹拾壹万叁仟肆佰玖拾元伍角整			千	百	十	万	千	百	十	元	角	分
				¥		1	1	3	4	9	0	5	0
			支付密码									
			附加信息及用途：支付购买材料款									
			客户签章									
会计主管：　　　　授权：　　　　复核：　　　　录入：												

练习3-5　2020年7月18日，皮棉、腈纶毛条验收入库，填制表1-3-10。

表1-3-10

材料验收入库单

供应单位：
发票号：4711184　　　　　　　年　　月　　日　　　　材收第202号：

材料类别	名称	规格	计量单位	数量		单价	金额							
				应收	实收		百	十	万	千	百	十	元	角	分
检验结果 合格 检验员签章：				运杂费											
				合计											
备注															

仓库主管：　　　　　　收料人：　　　　　　经办人：

练习3-6 2020年7月28日，收到银行转来付款通知，付滨城市自来水公司水费2 800元，税金252元。其中生产车间用水费用为2 000元，厂部用水费用为800元。该笔经济业务发生时涉及委托收款付款通知和专用发票联、抵扣联等原始凭证。其中增值税专用发票见表1-3-11，委托收款付款通知见表1-3-12。

表1-3-11

增值税专用发票

No 06511621

抵 扣 联　　　　　　开票日期：2020年7月17日

购货单位	名　　称	宏伟针织服装公司	密码区	
	纳税人识别号	24689000088776655H		
	地址、电话	滨城市白石路30号 87651234		
	开户行及账号	中国工商银行白石路营业部 098765432111		

货物或应税劳务、服务名称	规格型号	单位	数量	单价	金额	税率	税额
自来水		吨	875	3.20	2 800.00	9%	252.00
合计					¥2 800.00		¥252.00

价税合计(大写)	叁仟零伍拾贰元整	(小写)¥3 052.00

销货单位	名　　称	滨城市自来水公司	备注	滨城市自来水公司 发票专用章
	纳税人识别号	00420585099892314B		
	地址、电话	滨城市港西路125号 83068116		
	开户行及账号	中国建设银行港西分行 003654310022		

收款人：王时　　复核：李艾飞　　开票人：高清阳　　　　　销货单位(章)

表1-3-12

委托银行收款结算凭证(付款通知)

付款期限　年　月　日

延期　年　月　日

委托日期 2020年7月28日

收款单位	全　称	滨城市自来水公司	付款单位	全　称	宏伟针织服装公司
	账　号	003654310022		账　号	098765432111
	开户银行	中国建设银行港西分行		开户银行	中国工商银行白石路营业部

委托金额	人民币 (大写)叁仟零伍拾贰元整	千	百	十	万	千	百	十	元	角	分
					¥	3	0	5	2	0	0

款项内容	水费	委托收款凭据名称	水费收据、发票	附寄单证张数	1

备注：

单位主管：　　会计：　　复核：　　记账：　　　　付款单位开户银行盖章

练习3-7 会计部门2020年7月31日编制工资费用分配表，并据此进行工资分配的核算，见表1-3-13。

表 1-3-13

工资费用分配表

2020 年 7 月 31 日　　　　　　　　　　　　　　　　　　　　　　单位：元

车间或部门		应分配的工资额
生产车间	保暖内衣生产工人	80 000
	羊绒内衣生产工人	120 000
	车间管理人员	36 000
	行政管理人员	72 000
	专设销售机构人员	20 000
合　计		328 000

会计主管：　　　　　　　审核：　　　　　　　制表：

练习 3-8　2020 年 7 月 31 日，会计部门编制固定资产折旧计算表，见表 1-3-14。

表 1-3-14

固定资产折旧计算表

2020 年 7 月 31 日　　　　　　　　　　　　　　　　　　　　　　单位：元

固定资产使用部门	固定资产项目	本月应计提折旧额
生产车间	房屋建筑物	3 000
	机器设备	11 000
	小计	14 000
行政管理部门	房屋建筑物	6 000
	设备	3 000
	小计	9 000
合　计		23 000

会计主管：　　　　　　　审核：　　　　　　　制表：

练习 3-9　2020 年 7 月 31 日，汇总本月发生的制造费用按工人工资比例分配，转入生产成本，见表 1-3-15。

表 1-3-15

制造费用分配表

2020 年 7 月 31 日

产品名称	分配标准（工资/元）	分配率	分配额
保暖内衣	80 000		
羊绒内衣	120 000		
合　计	200 000		

会计主管：　　　　　　　审核：　　　　　　　制表：

练习 3-10　2020 年 7 月 31 日，结转背心、家居服的销售成本，见表 1-3-16。

表 1-3-16

产品出库单

产品名称	计量单位	数量	单位成本/元	金额/元
背心	件	2 000	14.40	28 800
家居服	套	500	120.00	60 000
合计				

练习 3-11　2020 年 7 月 31 日，将收入类账户转入本年利润。

练习 3-12　2020 年 7 月 31 日，将费用类账户转入本年利润。

四、记账凭证填制的审核

记账凭证根据审核无误的原始凭证填制，是登记账簿的依据。为了保证账簿记录的质量，在登记账簿前必须认真审核记账凭证，使其正确无误。除记账凭证填制人员应对编制的记账凭证进行自审外，还应在会计部门建立必要的专人或互相审核制度。记账凭证的审核内容一般包括以下内容。

(1) 按原始凭证审核的要求，对所附的原始凭证进行复核。

(2) 审核记账凭证所附的原始凭证是否齐全，记账凭证内容是否同所附的原始凭证的内容相符。

(3) 审核会计分录是否正确，是否与经济内容相符，会计处理方法是否符合会计制度的规定。

(4) 记账凭证所需填制的项目是否完整，有关人员是否都已签字盖章。

在审核中如发现记账凭证填制错误，必须重新填制，或按照规定的办法加以更正。

练习 3-13 将本实验中填制的收款凭证、付款凭证和转账凭证交换进行审核，并在"稽核"处签名。

实 验 小 结

本实验介绍了记账凭证的种类、内容、用途，专用记账凭证的填制要求及审核，记账凭证在财务部门的传递程序。

本实验重点训练收款凭证、付款凭证和转账凭证的区别、填制要求及审核，以及熟悉相互划转款项的经济业务填制凭证的规定。

实验思考题

1. 根据实验二中发生的经济业务，企业应填制哪些专用记账凭证？
2. 如果一笔经济业务需要填写 3 张记账凭证，凭证号应如何编制？
3. 下列业务应在哪种记账凭证中填写？
(1) 出纳刘英从银行提取现金 10 000 元。
(2) 采购员李涛出差回来，报销 3 810 元，余款 190 元交回财务部门。
(3) 企业销售服装一批，货款为 80 000 元，增值税为 13 600 元，已收到货款 50 000 元，剩余货款对方开出一张 2 个月的商业汇票。

日记账的登记

实验目的

通过本实验的训练,学生应了解日记账的种类、内容、作用及登记依据,掌握特种日记账的登记要求及结账方法。

实验要求

1. 了解日记账的种类、内容。
2. 了解普通日记账和特种日记账的作用。
3. 掌握三栏式现金日记账、银行存款日记账的登记方法及结账方法。
4. 明确三栏式现金日记账、银行存款日记账的登记依据和人员。

实验内容

一、日记账的种类

日记账又称序时账,是对经济业务按其发生时间的先后顺序,逐日逐笔详细登记的账簿。日记账可以分为特种日记账和普通日记账两种。

特种日记账是为记录某一类经济业务专门设置的日记账。它的特点是对某些重要的、发生频繁的、需要经常查核的、性质相同的经济业务进行逐笔序时登记。常用的有现金日记账、银行存款日记账等。

普通日记账是逐日序时登记除特种日记账以外经济业务的账簿。在不设特种日记账的企业,则要序时地逐笔登记企业的全部经济业务。因此,普通日记账也称分录簿。

二、特种日记账的登记方法

(一)现金日记账的格式及登记方法

现金日记账的格式,见表1-4-1。

表 1-4-1

现金日记账

第　　页

年	凭证号数	摘要	对方科目	借方								贷方								余额							
月 日				百	十	万	千	百	十	元	角	分	百	十	万	千	百	十	元	角	分	百	十	万	千	百	十	元	角	分

现金日记账为三栏订本式，由出纳人员根据收款凭证和付款凭证登记。具体登记步骤如下。

（1）将发生经济业务的日期填入"日期"栏。年度记入该栏上端，"月""日"分别填入各小栏内，除年度、月份变动或使用新账页时需再填写年度和月份外，月度内记账可只填写"日"一栏。

（2）"凭证号数"栏内，登记该项经济业务所填制记账凭证的种类和编号。

（3）在"摘要"栏内，简明地记入经济业务的内容。

（4）根据记账凭证上的会计分录，在"对方科目"栏内填写对应科目的名称，表明该项经济业务的来龙去脉。

（5）将现金收款凭证上应借科目的金额登记到"借方"栏，将现金付款凭证上应贷科目的金额登记到"贷方"栏。每日做结余，用现金日记账余额与库存现金实物核对。

（6）每天终了，做日结。先在左后一笔业务下面画通栏单红线，在"摘要"栏写"本日合计"字样，将期初结存金额加本日收入金额减本日支出金额得出的余额，填入"余额"栏，再在下面画通栏单红线。

（7）月末时，在本月登记的最后一笔经济业务下面画通栏单红线，在下一行"摘要"栏内写上"本月合计"字样，其"借方"栏数额为本月收入的合计数，"贷方"栏数额为本月支出的合计数，月初余额加上本月借方合计数减去本月贷方合计数即为本月结存的现金余额，再在下面画通栏单红线。

（二）银行存款日记账的格式及登记方法

银行存款日记账的格式及登记方法与现金日记账基本相同，所不同的仅是"结算方式"栏要根据银行的结算凭证（如支票、银行汇票、汇兑凭证、委托收款凭证等）来登记。

另外，银行存款日记账不用做日结，但每日终了要结出余额。银行存款日记账的格式，见表 1-4-2。

表 1-4-2

银行存款日记账

第　　页

年		凭证号数	结算方式	摘要	对方科目	借方									贷方									余额								
月	日					百	十	万	千	百	十	元	角	分	百	十	万	千	百	十	元	角	分	百	十	万	千	百	十	元	角	分

练习 4-1 根据实验三中填制并审核无误的收款凭证、付款凭证填制现金日记账和银行存款日记账，并进行结账（发放现金日记账账页 1 张、银行日记账账页 2 张）。

现金日记账期初余额为 1 000 元，银行存款日记账期初余额为 2 236 000 元。

实 验 小 结

本实验介绍了日记账的种类、内容及其在会计核算中的作用。

本实验重点训练三栏式现金日记账和银行存款日记账的登记方法和结账方法。

实验思考题

1. 日记账由财务部门的哪个岗位负责管理？"钱账分管"是什么意思？
2. 日记账是根据什么进行登记的？
3. 现金日记账和银行存款日记账的结账要求有什么不同？
4. 现金日记账应怎样核对？时间上有什么要求？
5. 银行存款日记账应怎样核对？时间上有什么要求？

实验五 明细账的登记

实验目的

通过本实验的训练,学生应了解明细账的种类及其在会计核算中的作用,掌握各种明细账的适用范围和登记方法,以及各种明细账的结账规则。

实验要求

1. 了解明细账的种类及设置。
2. 了解明细账的登记依据及内容。
3. 掌握三栏式明细账的适用范围、登记方法及结账要求。
4. 掌握数量金额式明细账的适用范围、登记方法及结账要求。
5. 掌握多栏式明细账的适用范围、登记方法及结账要求。

实验内容

一、明细账的登记要求

明细账也称明细分类账,是按每个明细科目设置并进行分类登记的账簿,是总分类账的补充。它一般根据记账凭证直接登记,但有时也可根据有关的原始凭证进行登记。明细账主要有三种格式,即三栏式、数量金额式和多栏式。

根据《会计基础工作规范》,登记账簿的基本要求如下。

(1)准确完整。登记会计账簿时,应当将会计凭证日期、编号、业务内容摘要、金额和其他有关资料逐项记入账内,做到数字准确、摘要清楚、登记及时、字迹工整。

(2)注明记账符号。登记完毕后,要在记账凭证上签名或者盖章,并在"记账符号"栏画"√",表示该项目已经记账。

(3)书写留空。账簿中书写的文字和数字上方要留有适当空格,不要写满格,书写靠格的底线,一般应占格距的1/2。这样,一旦发生登记错误时,可以在错误的文字或数字上方进行画线更正,也便于查账工作。

(4)记账书写用笔要规范。登记账簿要用蓝、黑墨水笔或者碳素墨水笔书写,不得使用圆珠笔(银行的复写账簿除外)或者铅笔书写。

(5)在下列情况下,可以使用红色墨水笔记账。

① 需要冲账的红字记账凭证,冲销错误记录。

② 在不设"借或贷"栏的多栏式账页中，登记减少数。
③ 在三栏式账户的"余额"栏前，如未印明余额方向的，在"余额"栏内登记负数余额。
④ 画"日结""月结""季结""年结"的结账线时。
⑤ 空行注销、空页注销时画注销线。
⑥ "应交税费——应交增值税"明细账户中，在"进项税额"专栏中用红字登记退回所购货物应冲销的进项税额；在"已交税金"专栏中用红字登记退回多交的增值税；在"销项税额"专栏中用红字登记退回销售货物应冲销的销项税额；"出口退税"专栏中用红字登记出口货物办理退税后发生退货或者退关而补交已退的税额。

（6）顺序连续登记。各种账簿按页次顺序连续登记，不得跳行、隔页。如果发生跳行、隔页，应当将空行、空页画线注销，或者注明"此行空白""此页空白"字样，并由记账人员签名或者盖章。

（7）结出余额。凡需要结出余额的账户，结出余额后，应当在"借或贷"栏内写明"借"或者"贷"字样。没有余额的账户，应当在"借或贷"栏内写"平"字，并在"余额"栏内的"元"位写"0"并在中间画一小横，即用"θ"表示。

（8）前后页之间要衔接。每一页登记完毕结转下一页时，应当结出本页合计数及余额，写在本页最后一行和下页第一行有关栏内；并在"摘要"栏内注明"过次页"和"承前页"字样；也可以将本页合计数及金额只写在下一页第一行有关栏内，并在"摘要"栏内注明"承前页"字样。

另外，对需要结计本月发生额的账户，结计"过次页"的本页合计数应当为自本月初起至本页末止的发生额合计数；对需要结计本年累计发生额的账户，结计"过次页"的本页合计数应当为自年初起至本页末止的累计数；对既不需要结计本月发生额也不需要结计本年累计发生额的账户，可以只将每页末的余额结转次页。

二、三栏式明细账

三栏式明细账一般为活页式账簿，由会计人员登记。

三栏式明细账一般适用于只能或只需核算金额的账户，如"应收账款""应付账款""应交税费""本年利润""主营业务收入""实收资本"等账户。三栏式明细账的格式，见表1-5-1。

表1-5-1　　　　　　　　　　　　　明细账

年		凭证号数	摘要	借方									贷方									借或贷	余额								
月	日			百	十	万	千	百	十	元	角	分	百	十	万	千	百	十	元	角	分		百	十	万	千	百	十	元	角	分

练习 5-1 （1）发放三栏式明细账账页 4 张。

（2）要求：以宏伟针织服装公司 2020 年 7 月发生的经济业务为依据，根据审核无误的记账凭证，分别登记"应收账款""其他应收款""应付账款""其他应付款""在途物资""主营业务收入""主营业务成本"明细账。

（3）资料：2020 年 6 月 30 日宏伟针织服装公司的明细账余额，见表 1-5-2。

表 1-5-2　　　　　　　　　　相关的明细账余额　　　　　　　　　　　　单位：元

总分类账	明细分类账	余额	
		借方	贷方
应收账款	北良公司	35 000	
	天星商场	55 000	
其他应收款	李佳	560.4	
在途物资	锦纶短纤	240 800	
	山羊绒	28 020	
	腈纶毛条	20 500	
应付账款	红林木材厂		237 000

三、数量金额式明细账

数量金额式明细账的账页在"收入""发出"和"结存"三栏内，再分别设置"数量""单价""金额"栏，由材料会计登记并管理，其格式见表 1-5-3。

表 1-5-3　　　　　　　　　　　　明细账

名称及规格：　　　　　　　　　　　　　　　　　　　　　　　　　　计量单位：

年		凭证号数	摘要	收入			发出			结存		
月	日			数量	单价	金额	数量	单价	金额	数量	单价	金额

数量金额式明细账一般根据材料入库单，领料单，产品出、入库单等原始凭证进行登记。这种明细账一般适用于既要进行金额核算，又要进行实物数量核算的财产物资的明细核算，如"原材料""库存商品"等账户的明细核算。

练习 5-2 （1）发放"材料"明细账账页 2 张，"库存商品"明细账账页 2 张。

（2）要求：以宏伟针织服装公司 2020 年 7 月发生的经济业务为依据，根据审核无误的记账凭证和原始凭证，分别登记"原材料""库存商品"明细账。注意：发出材料采用先进先出法。

（3）资料：2020 年 6 月 30 日，宏伟针织服装公司明细账的余额，见表 1-5-4。

表 1-5-4　　　　　　　　　　　　相关明细账余额

总分类账	明细分类账	期初余额		
		数量/千克	单价/元	金额/元
原材料	锦纶短纤	50	30.10	1 505
	山羊绒	260	140.10	36 426
	腈纶毛条	150	20.50	3 075
库存商品	羊绒内衣	15	140.00	2 100
	背心	2 000	14.40	28 800
	家居服	500	120.00	60 000

四、多栏式明细账

多栏式明细账是在账页的"借方""贷方"分设若干专栏进行明细分类核算的账簿。多栏式明细账的格式可以根据管理需要灵活设计，其基本格式见表 1-5-5。

表 1-5-5　　　　　　　　　　　　明细账　　　　　　　　　　　　单位：元

年		凭证号数	摘要	借方	贷方	借或贷	余额	借（　）金额分析
月	日							

这种明细账一般适用于只需要进行金额核算而不需要进行数量核算，并且管理上要求反映项目构成情况的成本费用类账户，如"制造费用""管理费用""生产成本"等账户。

练习 5-3　（1）发放多栏式"费用"明细账账页 3 张，"生产成本"明细账账页 3 张，"应交增值税"明细账账页 2 张。

（2）要求：以宏伟针织服装公司 2020 年 7 月发生的经济业务为依据，根据审核无误的记账凭证分别登记"制造费用""管理费用""生产成本""应交增值税"明细账。

（3）资料：6 月 30 日，宏伟针织服装公司明细账余额见表 1-5-6。

表 1-5-6　　　　　　　　　　　　相关明细账余额　　　　　　　　　　　　单位：元

总分类账	明细分类账	余　额	
		借方	贷方
应交税费	应交增值税		21 400
生产成本	保暖内衣	143 000	
	羊绒内衣	1 100	

实 验 小 结

本实验主要介绍了明细账的种类、各种明细账的格式、适用范围、登记依据、登记方法和结账要求。

本实验重点练习三栏式明细账、数量金额式明细账、多栏式明细账的登记方法及结账方法。

实验思考题

1. 三栏式明细账一般用于哪些内容经济业务的核算？举例说明。《会计基础工作规范》中对登记及结账方法有什么要求？

2. 数量金额式明细账一般用于哪些内容经济业务的核算？举例说明。《会计基础工作规范》中对登记及结账方法有什么要求？

3. 多栏式明细账一般用于哪些内容经济业务的核算？举例说明。《会计基础工作规范》中对登记及结账方法有什么要求？

4. 明细账是根据什么开设的？反映什么信息？

实验六

科目汇总表的编制

实验目的

通过本实验的训练,学生应了解科目汇总表(或记账凭证汇总表)的作用,掌握科目汇总表(或记账凭证汇总表)的编制方法。

实验要求

1. 了解科目汇总表(或记账凭证汇总表)的作用。
2. 掌握科目汇总表(或记账凭证汇总表)的编制方法。

实验内容

一、科目汇总表的作用

科目汇总表又称记账凭证汇总表,是一种记账凭证。它是根据收款凭证、付款凭证和转账凭证,按照相同的账户归类,定期汇总计算每一账户的借方发生额和贷方发生额,并将发生额填入科目汇总表的相应栏目内。科目汇总表的作用是作为记账凭证与总分类账的中间环节,以减少总分类账的登记工作量。但由于该表是定期汇总计算每一账户的借方发生额和贷方发生额,因此不能反映账户的对应关系。科目汇总表的格式见表 1-6-1。

表 1-6-1 科目汇总表

20 年 月 日至 日汇总 单位:元

会计科目	本期发生额		总账页次
	借 方	贷 方	
合 计			

记账凭证自 ～ 号共 张

复核 制表

二、科目汇总表的编制方法

编制科目汇总表具体步骤如下。

（1）将汇总期内各项经济业务所涉及的会计科目填制在科目汇总表的"会计科目"栏内，为了便于登记总分类账，会计科目的顺序按总分类账上会计科目的先后顺序填写。

（2）根据汇总期内所有记账凭证，按会计科目分别加计借方发生额和贷方发生额，将其汇总数填在各相应会计科目的"借方"和"贷方"栏。

（3）按会计科目汇总后，应加总借、贷方发生额，进行发生额的试算平衡。

科目汇总表的编制时间，应根据各企业、单位业务量而定，可以每月汇总一次编制一张，也可以 5 天、10 天或 15 天汇总一次。科目汇总表上还应注明据以编制的各种记账凭证的起讫字号，以备进行检查。

练习 6-1 根据实验三中审核无误的记账凭证，月末编制一张科目汇总表（发放标准的科目汇总表或记账凭证汇总表 1 张）。

实 验 小 结

本实验主要介绍科目汇总表（或记账凭证汇总表）的用途和编制方法。

本实验重点训练科目汇总表（或记账凭证汇总表）的编制方法。

实验思考题

科目汇总表（或记账凭证汇总表）的作用是什么？它有哪些不足？

实验七

总账的登记

实验目的

通过本实验的训练,学生应了解总账的内容及格式,了解不同会计核算组织程序下总账的登记依据和方法,掌握科目汇总表的会计核算组织程序。

实验要求

1. 了解总账的内容及格式。
2. 了解会计核算组织程序的种类、登记总账的依据和方法。
3. 掌握科目汇总表的会计核算组织程序。

实验内容

一、总账的格式及登记方法

总账又称总分类账,它是按一级会计科目即总分类会计科目设置并进行分类登记的账簿。总账能够全面、总括地反映和记录经济业务所引起的资金运动和财务收支的变动,并为编制会计报表提供数据。每个单位必须设置总账,由于总账是用来记载总括的核算数据的,因而只使用货币作为统一的计量单位。总账的格式一般采用三栏式,见表1-7-1。

表1-7-1 总　账

会计科目

年		凭证号数	摘要	借方									贷方									借或贷	余额								
月	日			百	十	万	千	百	十	元	角	分	百	十	万	千	百	十	元	角	分		百	十	万	千	百	十	元	角	分

二、会计核算组织程序

会计核算组织程序包括记账凭证会计核算组织程序、科目汇总表会计核算组织程序、汇总记账凭证核算组织程序和日记总账核算组织程序。各单位根据各自会计核算的特点选择使用。

(一) 记账凭证会计核算组织程序

记账凭证会计核算组织程序是最基本的会计核算组织程序,其特点是逐笔登记总账。

采用记账凭证会计核算组织程序的单位,直接根据记账凭证定期(3天、5天或10天)登记,在这种会计核算组织程序下应当尽可能地根据原始凭证编制原始凭证汇总表,根据原始凭证汇总表和原始凭证填制记账凭证,根据记账凭证登记总账。

(二) 科目汇总表会计核算组织程序

科目汇总表会计核算组织程序的特点是定期(每10天、15天等)将所有记账凭证汇总编制成科目汇总表(或记账凭证汇总表),然后再根据科目汇总表登记总账。科目汇总表的主要作用是作为记账凭证与总账的中间环节,以减少登记总账的工作量。

练习7-1 (1) 发放三栏式总账账页4张(每页登记4~5个科目)。

(2) 根据实验三编制的记账凭证,采用记账凭证会计核算组织程序,月末一次登记总账。

(3) 根据实验六编制的科目汇总表(或记账凭证汇总表),采用科目汇总表会计核算组织程序登记总账。

(4) 宏伟针织服装公司2020年6月30日各总账账户的期末余额见表1-7-2。

表1-7-2　　　　　　　　总账账户的期末余额　　　　　　　　单位:元

账户名称	借方余额	账户名称	贷方余额
库存现金	1 000	短期借款	650 000
银行存款	2 236 000	应付账款	237 000
应收账款	90 000	应交税费	21 400
其他应收款	560.4	实收资本	1 000 000
在途物资	289 320	资本公积	300 000
原材料	41 006	盈余公积	98 000
库存商品	90 900	利润分配	84 856
生产成本	144 100	本年利润	775 600
固定资产	355 300	累计折旧	81 330.4
合　　计	3 248 186.4	合　　计	3 248 186.4

实 验 小 结

本实验主要介绍了总账的格式、会计核算组织程序的种类和登记总账的方法。不同会计核算组织程序下，登记总账的依据不同，方法也不相同。业务不多的单位一般采用记账凭证会计核算组织程序，业务较多的单位一般采用科目汇总表会计核算组织程序。

本实验重点训练记账凭证会计核算组织程序和科目汇总表会计核算组织程序下，总账的登记方法。

实验思考题

1. 总账的登记依据是什么？总账的登记及结账有哪些要求？
2. 总账采用什么格式进行核算？
3. 总账是按照什么进行开设的？反映什么信息？
4. 总账与明细账是什么关系？

实验八

会计凭证的装订和保管

实验目的

通过本实验的训练,学生应掌握会计凭证的装订方法,了解会计凭证的保管要求。

实验要求

1. 掌握会计凭证的装订要求及方法。
2. 了解会计凭证的保管要求。

实验内容

一、会计凭证的装订要求

会计凭证装订是会计工作的内容之一,在会计实务中则是一项经常性的工作。会计凭证的装订应符合以下要求。

(1) 会计凭证装订之前,要检查每项记账凭证所附原始凭证的张数是否齐全,并且要对附件进行必要的外形加工。凡是超过记账凭证宽度和长度的原始凭证,都要整齐地折叠进去;凡是过窄、过短的附件,不能直接装订时,应先粘贴于专用的原始凭证粘贴纸上,然后再装订粘贴纸。

(2) 装订之前要检查记账凭证是否分月按自然数顺序连接编号,是否有调号或重号现象。

(3) 装订之前要思考一个月的会计凭证装订几册为好。每册的厚薄应基本保持一致,一般每册厚度在2~3厘米为宜,且不能把几张为一份的记账凭证拆开装订在两册之中,要做到易于翻阅而且美观。

(4) 所有的会计凭证每册都要用较结实的牛皮纸加具封面,并在封面上注明会计单位名称、会计凭证名称;此外,封面上还要填写凭证所反映的经济业务发生的年度、月份、凭证的起讫号码,本扎凭证为几分之几册或本月几册、本册为第几册。为慎重起见,还应在记账凭证封面上加盖单位负责人、财务负责人和装订人的印章,由装订人在装订线封签处签名或盖章。

二、会计凭证的装订方法

会计凭证的装订分手工装订和机器装订。这里主要介绍两种手工装订的方法。

第一种：加具封面，将科目汇总表附在会计凭证封面之下、会计凭证之前，磕迭整齐，用铁夹夹紧。在凭证左上角打孔，用线绳订好，将结打在背面，用纸条封好盖章。

第二种：将凭证封皮面向里对折，附在科目汇总表之上，将会计凭证放在科目汇总表之后，磕迭整齐，用铁夹夹紧。用线绳沿左侧距边2~3厘米处订好，再将对折的封皮打开，包在凭证后面，用胶水粘好。

三、会计凭证的保管

（一）保管要求与方法

会计机构、会计人员应按照《会计基础工作规范》《会计档案管理办法》对会计凭证进行妥善保管。会计凭证的保管应遵循以下条例。

（1）会计凭证应当及时传递，不得积压。

（2）会计凭证登记完毕后，应当按照分类和编号顺序保管，不得散乱丢失。

（3）记账凭证应当连同所附的原始凭证或者原始凭证汇总表，按照编号顺序折叠整齐，按期装订成册，并加具封面，注明单位名称、年度、月份和起讫日期、凭证种类、起讫号码，由装订人在装订线封签外签名或者盖章。

对数量过多的原始凭证，可以单独装订保管，在封面上注明记账凭证日期、编号、种类，同时在记账凭证上注明"附件另订"字样和原始凭证名称及编号。

各种经济合同、存出保证金收据及涉外文件等重要原始凭证，应当另编目录，单独登记保管，并在有关的记账凭证和原始凭证上相互注明日期和编号。

（4）原始凭证不得外借，其他单位如因特殊原因使用原始凭证时，经本单位会计机构负责人、会计主管人员批准，可以复制。向外单位提供的原始凭证复印件，应当在专设的登记簿上登记，并由提供人员和收取人员共同签名或者盖章。

（5）从外单位取得的原始凭证如有遗失、应当取得原开出单位盖有公章的证明，并注明原来凭证的号码、金额和内容等，由经办单位会计机构负责人、会计主管人员和单位领导人批准后，才能代作原始凭证。如果确实无法取得证明的，如火车、轮船、飞机票等凭证，由当事人写出详细情况，由经办单位会计机构负责人、会计主管人员和单位领导人批准后，代作原始凭证。

（6）当年形成的会计档案在会计年度终了后，可暂时由单位管理机构临时保管一年，再移交单位档案管理机构保管。因工作需要确实推迟移交的，应当经单位档案管理机构同意。单位会计管理机构临时保管会计档案最长不超过三年。临时保管期间，会计档案的保管应当符合国家档案管理的有关规定，且出纳人员不得兼管会计档案。

（二）保管期限

会计凭证的保管期限应符合2015年12月财政部和国家档案局联合发布的（2016年1月1日实施）《会计档案管理办法》中的有关规定：会计档案的保管期限分为永久、定期两类。定期保管期限分为10年、30年两类。会计档案的保管期限，从会计年度终了后的第一天算起。企业和其他组织会计档案保管期限，见表1-8-1。

表 1-8-1　　　　　　　　企业和其他组织会计档案保管期限表

序号	档案名称	保管期限	备注
一、	会计凭证类		
1	原始凭证	30 年	
2	记账凭证	30 年	
二、	会计账簿类		
3	总账	30 年	
4	日记账	30 年	
5	明细账	30 年	
6	固定资产卡片		固定资产报废后清理后保管 5 年
7	其他辅助性账簿	30 年	
三、	财务报告类		
8	月度、季度、半年度财务报告	10 年	
9	年度财务报告	永久	
四、	其他类		
10	银行余额调节表	10 年	
11	银行对账单	10 年	
12	纳税申报表	10 年	
13	会计档案移交清册	30 年	
14	会计档案保管清册	永久	
15	会计档案销毁清册	永久	
16	会计档案鉴定意见书	永久	

（三）具体业务练习

根据实验三中填制并审核无误的收款凭证、付款凭证、转账凭证和实验六中编制的科目汇总表，对记账凭证进行装订。发放记账凭证封皮 1 张。

实 验 小 结

本实验介绍了会计凭证的装订方法、会计凭证的保管要求和会计档案的保管期限。

本实验重点训练会计凭证手工装订的方法。

实验思考题

1. 会计档案包括哪些内容？
2. 会计档案保管的手段和形式有哪些？
3. 保管期限有什么规定？对于外借、期满销毁的会计档案有哪些规定？
4. 上网查找 2015 年 12 月财政部和国家档案局联合发布的《会计档案管理办法》，认真阅读全文。

结账和编制会计报表

实验目的

通过本实验的训练,学生应了解结账的内容,掌握各种账簿的结账程序及结账方法,掌握利润表和资产负债表的编制方法。

实验要求

1. 了解结账的内容。
2. 掌握不同账簿的结账程序及结账方法。
3. 掌握利润表的编制方法。
4. 掌握资产负债表的编制方法。

实验内容

一、结账

结账是在将一定时期内发生的全部经济业务登记入账的基础上,计算并记录本期发生额和期末余额的经济活动。结账程序及方法如下。

(1) 结账前,必须将本期内所发生的各项经济业务全部登记入账。

(2) 结账时,应当结出每个账户的期末余额。需要结出当月发生额的,应当在"摘要"栏内注明"本月合计"字样,并在下面通栏画单红线。需要结出本年累计发生额的,应当在"摘要"栏内注明"本年累计"字样,并在下面通栏画单红线;12月月末的"本年累计"数额就是全年累计发生额,全年累计发生额下应当通栏画双红线,年度终了结账时,所有总账账户都应当结出全年发生额和年末余额。

(3) 具体结账要求如下。

① 对不需要按月结计本月发生额的账户,如各项应收款明细账和各项财产物资明细账等,每次记账以后,都要随时结出余额,每月最后一笔余额即为月末余额。月末结账时,只需要在最后一笔经济业务记录之下画单红线,不需要再结计一次余额。

② 现金、银行存款日记账和需要按月结计发生额的收入、费用等明细账,每月结账时,要在最后一笔经济业务记录下面画单红线,结出本月发生额和余额,在"摘要"栏内注明"本月合计"字样,在下面再画一条单红线。

③ 需要结计本年累计发生额的某些明细账户,如主营业务收入、成本明细账等,每

月结账时,应在"本月合计"栏下结计自年初起至本月末止的累计发生额,登记在"月份发生额"下面,在"摘要"栏内注明"本年累计"字样,并在下面画单红线。12月月末的"本年累计"就是全年累计发生额,全年累计发生额下画双红线。

④ 总账账户平时只需要结计月末余额。年终结账时,为了反映全年各项资产、负债及所有者权益增减变动的全貌,便于核对账目,要将所有总账账户结计全年发生额和期末余额,在"摘要"栏内注明"本年合计"字样,并在合计数下画双红线。

⑤ 需要结计本月发生额的某些账户,如果本月只发生一笔经济业务,结账时,只要在此栏记录下画一条单红线,表示与下月的发生额分开就可以,不需要另结出"本月合计"数。

(4) 业务练习

要求:对实验四、实验五和实验七中登记的日记账、明细账和总账进行结账。

二、编制会计报表

(一) 会计报表编制程序

(1) 编制会计报表时,应先收集、准备、整理有关资料,并对这些资料进行认真的审核,以保证资料的真实可靠。

(2) 按照规定的表格形式和项目内容逐项填写,其要求如下。

① 表首部分,要填明企业的名称、编报日期和计量单位。

② 表中的"年初余额"栏内各项数字是根据上年年末会计报表"期末余额"栏内各数字填列的。

③ "期末余额"应按企业本期总账科目或明细科目期末余额填列或进行分析加工处理后填列。

(3) 项目填写完毕后,应计算出余额。

(二) 业务练习

要求:根据实验五和实验七中明细账和总账的结账结果,编制2020年7月宏伟针织服装公司的资产负债表和利润表。使用如下会计报表格式(表1-9-1和表1-9-2)或发放资产负债表、利润表各1张。

表 1-9-1   利 润 表

会企02表

编制单位: 年   月   单位:元

项 目	本期金额	上期金额
一、营业收入		
减:营业成本		
税金及附加		
销售费用		
管理费用		
研发费用		

续表

项　　目	本期金额	上期金额
财务费用		
其中：利息费用		
利息收入		
资产减值损失		
加：其他收益		
投资收益（损失以"—"号填列）		
其中：对联营企业和合营企业的投资收益		
公允价值变动收益（损失以"—"号填列）		
资产处置收益（损失以"—"号填列）		
二、营业利润（亏损以"—"号填列）		
加：营业外收入		
减：营业外支出		
三、利润总额（亏损总额以"—"号填列）		
减：所得税费用		
四、净利润（净亏损以"—"号填列）		
（一）持续经营净利润（净亏损以"—"号填列）		
（二）终止经营净利润（净亏损以"—"号填列）		
五、其他综合收益的税后净额		
……		
六、综合收益总额		
七、每股收益		
（一）基本每股收益		
（二）稀释每股收益		

表 1-9-2　　　　　　　　　　　　　　资产负债表

会企 01 表

编制单位：　　　　　　　　　　　年　　月　　日　　　　　　　　　　单位：元

资产	期末余额	年初余额	负债和所有者权益	期末余额	年初余额
流动资产：			流动负债：		
货币资金			短期借款		
以公允价值计量且其变动计入当期损益的金融资产			以公允价值计量且其变动计入当期损益的金融负债		
衍生金融资产			衍生金融负债		
应收票据及应收账款			应付票据及应付账款		

续表

资产	期末余额	年初余额	负债和所有者权益	期末余额	年初余额
预付账款			预收账款		
其他应收款			应付职工薪酬		
存货			应交税费		
持有待售资产			其他应付款		
一年内到期的非流动资产			持有待售负债		
其他流动资产			一年内到期的非流动负债		
流动资产合计			其他流动负债		
非流动资产：			流动负债合计		
可供出售金融资产			非流动负债：		
持有至到期投资			长期借款		
长期应收款			应付债券		
长期股权投资			其中：优先股		
投资性房地产			永续股		
固定资产			长期应付款		
在建工程			预计负债		
生产性生物资产			递延收益		
油气资产			递延所得税负债		
无形资产			其他流动负债		
开发支出			非流动负债合计		
商誉			负债合计		
长期待摊费用			所有者权益（或股东权益）：		
递延所得税资产			实收资本（或股本）		
其他非流动资产			其他权益工具		
非流动资产合计			其中：优先股		
			永续股		
			资本公积		
			减：库存股		
			其他综合收益		
			盈余公积		
			未分配利润		
			所有者权益（或股东权益）合计		
资产总计			负债和所有者权益（或股东权益）总计		

实 验 小 结

本实验介绍了各种会计账簿的结账方法，利润表和简单资产负债表的编制方法。

本实验重点训练三栏式明细账、数量金额式明细账、多栏式明细账和总账的月结、年结的结账方法；重点训练利润表和简单资产负债表的编制。

实验思考题

1. 利润表的编制依据是什么？编制时有哪些要求？反映哪些信息？
2. 资产负债表的编制依据是什么？编制时有哪些要求？反映哪些信息？
3. 利润表和资产负债表有勾稽关系吗？如何勾稽？

实验二～九参考答案

会计岗位综合实验

实验目的

通过本实验的训练,学生应了解企业会计实际工作中的岗位设置,各岗位的工作职责及工作内容,熟悉财务部门各岗位之间的分工与协作关系,熟悉各自承担的会计岗位工作内容,掌握会计核算基本方法及程序。

实验规则

本实验根据实际需要可灵活调整岗位人员配置、分配岗位工作,后面实验内容中对9类会计工作岗位做了基本介绍。

1. 本实验根据具体实验条件要求,将全班同学分成若干组,每组6人,组成财务科室,每组组长为财务科长。财务科室只设置以下6个岗位。

(1) 会计主管及总账报表岗位:负责全面工作,包括审核凭证、登记总账、编制会计报表。

(2) 出纳岗位:编制收、付款凭证,负责登记现金日记账、银行存款日记账。负责编制科目汇总表(每月编制两次)。

(3) 存货核算岗位:负责材料、库存商品、固定资产相关业务的记账凭证的编制,明细账的登记。

(4) 往来结算核算岗位:负责应收账款、其他应收款、应付账款、应交税费(增值税、城市维护建设税)相关业务会计凭证的编制,登记明细账。

(5) 成本核算及职工岗位:负责生产成本、制造费用、应付职工薪酬相关业务会计凭证的编制,登记明细账。

(6) 财务成果核算岗位:负责主营业务收入、主营业务成本、税金及附加、管理费用、销售费用、财务费用、本年利润、所得税费用、利润分配、应付利润的会计凭证的编制,明细账的登记。

2. 该企业采用科目汇总表账务处理程序进行会计处理。具体程序如下。

(1) 根据原始凭证或原始凭证汇总表编制记账凭证。

(2) 根据收款凭证、付款凭证登记现金、银行存款日记账。

(3) 根据记账凭证和原始凭证登记各种明细账。

(4) 根据记账凭证定期编制科目汇总表。

(5) 根据科目汇总表登记总账。

（6）日记账、明细账分别与总账定期核对。
（7）根据总账、明细账和其他有关资料编制会计报表。
最后，对所填制的凭证、登记的账簿、编制的会计报表进行整理并装订成册。

实验内容

一、出纳岗位

出纳是指企事业单位现金、票据的付出与收进。从事出纳工作的会计人员称为出纳人员。

1. 出纳岗位工作的特点

出纳工作的主要内容是根据国家的有关法律、制度和规定，收付和保管本单位的现金、票据、有价证券、财务印章并处理有关的账务。出纳岗位工作的主要特点如下。

（1）社会性

一般企事业单位的出纳人员，由于经办货币资金的收付业务，必须与客户、银行等外部单位或个人发生联系；而业务量大的企事业单位更是与社会各阶层、各单位及个人有着更广泛、密切的接触，因此具有社会性。

（2）技术性

出纳人员无论是手工操作还是使用电子计算机等现代化办公设备，都必须掌握专门的操作技术，按照专门的工作程序和有关规定，正确完成凭证填制、账簿记录及款项收付等一系列工作。因此出纳工作具有较强的专业性、技术性。

（3）政策性

由于出纳工作的主要对象是流动性强的支付手段——货币资金，因此在收付、清点、交接、运送、保管货币资金和有价证券的过程中，要求出纳人员不能出现丝毫差错，以保护企业财产的安全完整。要做到这一点，就要求出纳人员具有高度的政策性、责任心及强烈的风险意识，严格按照有关政策、法规办事，严格遵守财经纪律和操作规程。

（4）时效性

出纳工作讲求及时、高效。对于一般企业来讲，差旅费的报销、工资的发放、银行对账单的核对、现金的送存及有关结算凭证的送取等，都要求及时办理；特别是有些重要业务更是要求限时办理。因此，出纳岗位更强调时效性，以提高工作效率。

2. 出纳岗位工作的职责

（1）办理现金收付和银行结算业务

严格按照国家有关现金结算制度的规定，根据稽核人员审核签章的收付款凭证进行复核，办理款项收付。对于重大的开支项目，必须经过会计主管人员、总会计师或单位领导审核签章，方可办理。收付款后，要在收付款凭证上加盖"收讫"或"付讫"戳记。

库存现金不得超过银行核定的限额，超过部分要及时存入银行，不得以"白条"抵充库存现金，更不得任意挪用现金。

（2）登记现金日记账和银行存款日记账

根据已经办理完毕且由会计审核无误并签名的收款凭证、付款凭证逐笔顺序登记现金日记账和银行存款日记账,并每日结出余额。现金账面余额每日要同库存现金核对相符,做到日清月结、账证相符、账账(总账)相符、账款相符。银行存款账面余额要及时与银行对账单核对。月末,对于未达账项要编制银行存款余额调节表,使账面余额与对账单上的余额调节相符。

要随时掌握银行存款余额,不准签发空头支票。不准将银行账户出租、出借给任何单位或个人办理结算。

出纳人员不得兼管收入、费用、债权、债务账簿的登记工作及稽核工作和会计档案保管工作。

(3) 保管库存现金和各种有价证券

对于库存现金和各种有价证券,要确保其安全和完整无缺。如有短缺,要负赔偿责任。要保密保险柜密码,保管好钥匙,不得任意转交他人。

(4) 保管有关印章、空白收据和空白支票

出纳人员对所管印章必须妥善保管,严格按照规定用途使用。但签发支票所使用的各种印章不得全部交由出纳人员一人保管。对于空白收据和空白支票必须严格管理,建立登记领用制度,负责办理领用注销手续。

二、存货核算岗位

存货是指企业在生产经营过程中持有已备出售的产成品或商品,或者仍然处在生产过程的产品,或者在生产产品或提供劳务过程中将消耗的材料或物料,包括各类材料、商品、在产品、半成品、产成品及包装物、低值易耗品等。存货属于企业的重要资产,其特点是数量多、价值高、保管和使用地点分散。因此,应设置存货核算岗位加强对存货的核算和管理。

存货核算岗位职责如下。

(1) 会同有关部门拟定存货管理与核算实施办法。对于原材料、燃料、包装物、低值易耗品、委托加工材料等各类材料的收发、领退和保管,都要会同材料管理部门规定手续制度,明确责任。

(2) 审核汇编材料采购用款计划,控制材料采购成本。根据生产经营计划、财务成本计划,结合材料库存和供应情况,认真审核材料供应计划和供货合同,并结合核定的资金定额,审查汇编材料采购用款计划,严格执行,防止盲目采购。对超计划用款,要经过批准。

(3) 负责存货的明细核算和有关的往来结算业务。认真审核各类材料的收发凭证,按材料的保管地点、类别、品种、规格登记明细账。要协助使用部门建立低值易耗品的领用和报废的登记、以旧换新、损坏赔偿、定期盘点等制度。对出租、出借的包装物,要按规定收取租金和押金。加强对低值易耗品和包装物的管理。

对购入的材料,要认真审查发票、账单等结算凭证,及时办理结算手续,核算采购成本和费用。对在途材料要督促清理催收,对已验收入库但尚未付款的材料,月终要估价入账。

对材料物资采购付款、验收入库与领用等经济业务进行会计处理,登记和结算材料物资采购明细账、材料明细账,定期与总账核对,做到账账相符。

(4) 配合有关部门制定材料消耗定额。制定材料消耗定额要先进合理，要随着生产技术条件的改变，及时加以修订，促进合理节约使用材料。

(5) 会同有关部门编制材料计划成本目录。采用计划成本进行材料日常核算的单位，要编制计划成本目录。材料计划成本要尽可能接近实际。如果材料的实际成本与计划成本相差较大，要及时进行调整。

(6) 参与存货的清查盘点。要定期、不定期地对材料组织轮番盘点，对于超过正常储备和呆滞积压的材料，要分析原因，分别不同情况经批准后进行处理。

定期对企业材料物资库存数量进行清查盘点，并对盘盈、盘亏的材料物资及时查明原因，报经有关部门批准后进行会计处理，做到账实相符。如果期末材料物资的实际成本高于可变现净值，应采用备抵法计提存货跌价准备，并在资产负债表上披露；月末对于材料物资采购明细账中只有借方记录而无贷方记录的，即在途物资，应逐笔转入下月的材料采购明细账，以便下月收入材料时作贷方的记录。

(7) 分析存货的储备情况。要经常深入仓库了解材料、低值易耗品等的储备情况，对于超过正常储备和呆滞积压的材料、低值易耗品等，要分析原因，提出处理意见和建议，督促有关部门处理，对于材料保管不善和挪用库存材料造成损失浪费的，要向领导报告，追查责任。

三、往来结算核算岗位

往来结算是企业会计工作的重要环节。在企业一方面负债水平居高不下，另一方面又沉淀大量债权资产的情况下，作为企业的财会人员，尤其是往来结算核算岗位上的工作人员，熟悉往来结算管理的策略与技巧，掌握往来结算账务处理的具体方法，确实十分必要。

往来结算核算岗位职责如下。

(1) 建立往来款项清理手续制度。对购销业务产生的应收账款、应付账款、预收账款等，以及购销业务外的暂收、暂付、其他应收、其他应付、备用金等往来款项，要建立必要的清理手续制度，加强管理，及时清理。

(2) 办理往来款项的结算业务。对购销业务及购销业务外的应收、暂付款项，要及时催收结算；应收暂付款要加紧清偿。定期与有关债权人和债务人核对，做到账款相符；定期向会计主管人员报告有关应收款及应付款的各种信息，以便采取有效措施，及时收回应收款，加速企业流动资产周转，及时支付应付款，维护企业的信誉；年末，分析各项应收账款的特性、金额大小、信用期限、债务人的信誉状况和经营情况等因素，应采用应收账款余额百分比法等方法，计提坏账准备，并在资产负债表上披露；期末，对企业已贴现尚未到期的商业承兑汇票应在会计报表附注中进行披露。

实行备用金制度的单位，要核对备用金定额，及时办理领用和报废手续，加强管理。对预借的差旅费，要督促及时办理报销手续，收回余额，不得拖欠，不准挪用。要按照规定的开支标准，严格审查有关支出。

(3) 负责往来结算的明细账核算。对购销业务按照单位或个人设置明细账；对购销业务外的应收、暂付款项，按照单位、个人或内容等设置明细账。根据审核无误的记账凭证逐笔顺序登记，并经常核对余额。定期与总账核对，做到账账相符；定期与有关债权人和债务人核对，做到账款相符；年终要抄列清单，并向领导或有关部门报告。

四、职工薪酬核算岗位

工资薪酬是企业必不可少的一项重要费用,正确进行工资的核算是保证企业会计核算信息真实和公允的重要前提,也是正确计算企业成本的基础。而能够将各部门和各岗位人员的工资费用进行正确的归集和分配,一定需要很强的专业能力。

职工薪酬是指企业根据有关规定应付给职工的各种薪酬,包括职工工资、奖金、津贴和补贴,职工福利费,医疗、养老、失业、工伤、生育等社会保险费,住房公积金,工会经费,职工教育经费,非货币性福利等因职工提供服务而产生的义务。

职工薪酬核算岗位职责如下。

(1) 监督工资计划的执行。根据批准的工资计划,会同劳动人事部门,严格控制工资和各种奖金的支付、分析工资计划的执行情况。对违反工资政策,超过工资计划,以及不按规定滥发津贴、奖金的,要予以制止,或向领导和有关部门报告。

(2) 审核发放工资奖金。根据实有职工人数、工资等级和工资标准,审核工资计算表,办理代扣款项,计算实发工资。根据规定审查奖金计算表,按照车间和部门归类,编制工资、奖金汇总表,填制记账凭证,经审核后,通过银行划入职工工资卡中。

(3) 负责工资分配核算。按照工资支付对象和成本核算的要求,编制工资分配表,填制记账凭证,并向有关核算岗位提供工资分配的明细资料。

(4) 计算提取与工资有关的费用。根据企业人事部门提供的职工工资档案材料和统计部门提供的职工考勤统计或产量统计及国家或企业其他有关规定,分别计算该月每一名职工的计时工资或计件工资,并按国家规定的标准(没有标准的企业应根据历史经验数据和实际情况)计算并缴纳医疗保险费、养老保险费、失业保险费、工伤保险费、生育保险费和住房公积金,并编制各部门工资结算明细表和企业工资结算汇总表;根据工资结算汇总表所列"实发工资"数额填列工资支付专用凭证进行转账结算和会计处理;根据工资总额的一定比例计算工会经费和职工教育经费等。登记应付职工薪酬各明细账。

(5) 非货币性福利及其他职工薪酬的核算。

五、成本核算岗位

成本是指企业为生产产品、提供劳务而发生的各种耗费。成本核算是指对企业生产经营过程中发生的生产费用按照一定的对象和标准进行归集和分配,并采用相适应的成本计算方法计算出各种产品的实际总成本和单位成本的过程。成本是企业的命脉,它的高低直接决定着企业的盈利水平。因此,每个企业都必须搞好成本核算工作。

建立健全成本核算的职能机构和组织体系。成本核算的职能机构是处理成本工作的职能单位,它的设置应考虑企业的规模和成本管理的要求。一般大中型企业可以单独设置成本处、科或组,小型企业可以在会计机构中只配备成本核算人员来处理成本核算工作。成本核算的组织体系则应根据成本管理和内部经济责任制的要求而建立。大中型企业一般都要实行厂部和车间两级成本核算,小型企业及内部经济责任制不要求单独核算车间成本的企业,可以实行厂部一级成本核算。

成本核算岗位职责如下。

(1) 拟定成本核算办法。根据国家发布的与成本核算有关的规定,结合本单位生产经营的特点和管理的需要，拟定本单位的成本核算办法。

（2）编制成本、费用计划。根据本单位的生产经营计划中降低成本的要求，结合本单位实际情况，挖掘潜力以降低成本、费用，编制成本、费用计划，并按年、按季、按月将指标分解，层层落实，实行归口分级管理，组织成本、费用计划的实现。

（3）加强成本管理的基础工作。积极会同有关部门，建立健全各项原始记录、定额管理和计量检验等制度，为正确计算成本、加强成本管理提供可靠的依据。

（4）核算产品成本。严格按照现行的有关规定，正确划分收益性支出与资本性支出，产品生产费用与期间费用，不同会计期间、不同产品品种费用，完工产品与在产品费用界限。根据企业生产特点和经营规模大小，合理设置产品成本项目。一般情况下，可设置以下成本项目：直接材料——企业生产经营过程中实际消耗的原材料及主要材料、辅助材料、备品配件、外购件、燃料及其他直接材料（后一车间领用前一车间的自制半成品的实际成本归集于后一车间成本计算单的"直接材料"成本项目）；直接动力——企业生产经营过程中直接消耗的电力等；直接人工——企业从事产品生产人员的工资、奖金、津贴及直接从事产品生产人员职工福利费；制造费用——企业各个生产车间为组织和管理生产所发生的生产车间管理人员工资、职工福利费、车间固定资产折旧费、机物料消耗、低值易耗品消耗等。对于各辅助车间为基本生产车间和其他部门提供劳务所发生的各项生产费用，可根据企业的具体情况分别采用直接分配法、一次交互分配法、顺序分配法、代数分配法等按受益数量在受益车间或部门进行分配；对于各生产车间发生的制造费用，应采用实际工时比例法在各种产品之间进行分配；对于实行车间和部门两级成本核算的企业，各车间成本可采用简单法计算，厂部成本应采用逐步结转分步法计算。根据成本计算程序分别进行相应的会计处理，登记和结算待摊费用、预提费用、制造费用、生产成本明细账。根据本期成本计算单和其他有关资料编制产品成本表，并计算可比产品成本降低额和可比产品成本降低率。

凡是《成本管理条例》规定不准列入成本的开支，都不得计入产品成本。要按照规定的成本费用项目和成本核算对象，登记成本、费用明细账。

（5）编制成本、费用报表，进行成本、费用的分析和考核。根据账簿记录、成本计划和上年的成本、费用等有关资料，按照规定编制各种成本费用报表，并分析成本、费用计划的执行情况和增减的原因，预测成本发展趋势，对照同行业的成本、费用资料，提出降低成本、费用的途径和加强成本管理的建议。

（6）协助管理在产品和自制半成品。协助有关部门建立在产品台账和半成品登记簿，对在产品的内部转移和半成品的入库出库都要认真登记，对在产品和自制半成品要定期盘点，做到账实相符。

（7）开展部门、车间和班组的经济核算。根据分解下达的成本、费用计划指标，层层落实到班组或个人，采取多种形式，开展部门、车间和班组的群众性经济核算，贯彻经济责任制。

六、资金核算岗位

资金核算岗位即理财岗位，是企业会计核算中的一个重要岗位，它主要是对筹资、投资及所有者权益类业务进行处理并进行明细核算。

资金是企业从事持续经营活动的基本条件，而资金的投入、运用、回收和分配贯穿于企业资金运动的整个过程。没有资金的投入、运用、回收和分配，企业就无法生存和发展。因此，企业要想从事生产经营活动，就必须在首先取得资金的基础上，不断地努力寻求和开拓更多的资金筹集渠道，不断地追加投资、扩大规模、谋求规模效益，以适应市场激烈竞争的需要。此外，为了获得本企业经营活动以外的经济利益，或者为了开拓新的市场、扩大影响、提高本企业声誉，或者为实现企业的长远发展战略等，企业又会以购买股票、债券等方式，将本企业的资产或资金投入其他企业，从而产生投资活动。因此，筹资、投资及所有者权益业务的发生和处理，就构成了资金岗位工作的重要内容。资金岗位工作的好坏对企业具有十分重要的意义，它不仅关系企业的盈利水平，而且直接影响企业的生存和发展。

资金核算岗位职责如下。

（1）拟定筹资、投资及资金管理与核算的实施办法。要划清各项资金的界限，根据管理结合和资金归口管理的要求，拟定资金管理与核算实施办法，并组织有关部门贯彻执行。

（2）编制筹资、投资计划并分解落实。

（3）会同有关部门核定资金定额。根据本企业的生产经营计划和上级下达加速资金周转的要求，会同有关部门分别核定各项资金定额，并层层落实。

（4）编制资金计划和银行借款计划。根据供、产、销等各项计划，按照"以销定产、以产定购、以购定资"的原则，在审核平衡的基础上，按年、按季、按月分别编制资金计划和银行借款计划。

（5）正确核算、处理筹资、投资及所有者权益类业务。对固定资产的购建、计提固定资产折旧和减值准备、固定资产清查和处置等经济业务进行会计处理，登记和结算工程物资、在建工程和固定资产明细账。对不同类别的对外投资，采用不同的方法进行日常核算，期末作应计投资收益的账务处理，并对持有至到期投资、长期股权投资发生的减值，计提减值准备，对交易性金融资产、可供出售金融资产公允价值变动进行会计处理。对银行借款的借入、计息与还本付息进行会计处理，对应付债券的发行、计息及兑付进行会计处理，对投资者投入资本及变动进行会计处理，登记和结算短期借款、长期借款、应付债券、股本等明细账。

（6）负责资金调度，组织资金供应、考核资金使用效果。经常深入有关部门和车间、仓库，了解资金占用情况，掌握动态。定期召开资金调度会议，研究筹措资金的措施，合理供应资金。定期考核各环节的资金占用水平和周转状况，提出挖掘资金潜力的建议，不断加速资金周转。

（7）上缴各种款项。应该上缴财政和上级的各种款项，要及时办理解缴手续。

（8）负责资金核算，编制资金报表。对资金的增减变动情况要及时记账，按照规定编制报表，正确反映资金动态。

七、财务成果核算岗位

财务成果是企业在一定时期内生产经营活动的最终成果，表现为利润或亏损，它是衡量企业生产经营管理水平的一项综合性指标。

财务成果的核算属于企业资金运动过程中资金收回阶段的核算。企业最终的财务成果一般表现为利润,而企业的利润又主要来自营业利润。因此,正确地对企业利润进行确认与计量,对于准确反映企业经营成果、保证会计信息质量、依法纳税及进行利润分配等环节都具有非常重要的意义。财务成果核算岗位的设置确有必要,其岗位的重要性对从事该岗位工作的会计人员提出了更高的要求。

财务成果核算岗位职责如下。

(1) 编制利润计划。根据企业的利润控制指标,编制利润计划,并落实到有关部门,经常监督检查,保证计划的实现。

(2) 办理销售款项的结算业务。认真审查销售的有关凭证,严格按照销售合同、国家政策允许的价格和银行结算制度,及时办理销售款项的结算,催收销售货款。对任意提价、削价等非法行为,要加以制止,并向领导报告。发生销售纠纷,货款被拒收时,要通知有关部门及时处理。

(3) 负责销售和利润的明细核算。根据销货发票等有关凭证,正确计算销售收入、成本、费用、税金及附加和利润及其他各项收支,按照国家有关规定严格审查营业外支出。按规定计算利润总额,计算应付税金、应付利润和企业留利,登记有关明细账,做到账实相符、账账相符。

(4) 编制利润报表,进行利润的分析和考核。根据账簿记录和有关资料,编制有关的利润报表。分析考核利润计划的执行情况,找出偏离计划的原因,预测市场销售情况和增加利润的前景,提出扩大销售、增收节支和增加利润的建议和措施。

(5) 协助有关部门对产品进行清查盘点。要建立健全产成品的出入库和保管制度。要经常深入仓库,协助有关部门对库存产品平时进行轮番盘点,年终进行全面清查。对产成品的盘盈、盘亏和报废要认真核实,按照批准权限和审核程序办理批准手续,进行账务处理。

八、总账报表岗位

为完成本单位总账及其相应的各种账簿的建账、记账和对账等工作,并根据总账记录编制各种会计报表,以提供财务信息,各单位一般都需要设置总账报表岗位。该岗位在整个会计岗位中处于核心地位,它与各个会计岗位都有着信息交流与传递关系,处理具体经济业务的各种会计岗位最终都要将会计资料和财务信息集中于总账报表岗位,各种会计凭证和有关账表都要由总账报表岗位进行审核和复核;反映企业整体财务状况和经营成果的信息,最终要由总账报表岗位完成并提供。因此,总账报表岗位工作在会计核算工作中具有不可替代的重要作用。

(1) 总账报表岗位的作用

① 聚集信息。各会计岗位提供的会计资料记载着各种经济活动发生的先后顺序,经总账报表岗位分类汇总后,可以提供序时的历史资料。同时各种会计资料集中于总账报表岗位后,总账报表岗位通过进行总括的会计核算,又可以得到经济活动的总括指标,从而使管理人员能够掌握企业各项财产物资的增减变动情况,有利于监督和保护企业物资的安全完整和合理使用,为控制企业生产经营活动的进程提供依据。

② 核查信息。总账和各种明细账、日记账之间,总账内部的各账户之间,总账和各种报表之间都存在着一定的勾稽关系。根据这种勾稽关系进行核对检查,可以揭示会计机构所处理的各种会计信息的正确性,及时发现记账错误和业务处理过程中存在的错误,为

全面正确地披露财务信息提供保证。因此，总账报表岗位具有核查会计信息、过滤会计信息、确保会计信息真实正确的作用。

③ 披露信息。总账报表岗位聚集的各类信息按不同的经济业务性质进行分类登记，这些分类登记的信息可以综合反映企业资金运动的来龙去脉和变化规律，反映企业的财务状况和经营成果。总账报表岗位通过财务报告的形式将这些信息向有关的信息使用者提供，以此实现会计的反映职能。

（2）总账报表岗位的职责

① 登记总账。根据规定的会计科目，设置总账账户。审核各岗位所编制的记账凭证及所附原始凭证的正确性；定期根据审核无误的记账凭证编制科目汇总表；根据科目汇总表登记总账；或按照其他会计核算程序登记总账。每月终了，要编制总账科目余额试算平衡表，并与有关明细账核对，保证账账相符。

② 编制资产负债表，核对其他会计报表。每月终了，根据总账和明细账及其他有关资料，编制资产负债表、利润表、现金流量表、所有者权益变动表和会计报表附注等会计报表；并与其他会计报表相互核对，有对应关系的数字必须保持一致。核对无误后，将各种会计报表连同财务情况说明书，加具封面，装订成册，提交领导审核签名或盖章，及时报出。

③ 管理会计凭证和账表。对各个岗位的编号、整理、装订提出规格化的要求。每月终了，要整理各个岗位的会计凭证和资料，集中保管。年终办完决算后，应将全年的会计资料收集齐全，整理清楚，分类排列，以便查阅。需要归档的会计资料，应按有关规定及时归档。

九、会计主管岗位

该岗位主要职责是：对企业未授权其他岗位的重大经济事项进行审核与会计处理；对会计报表进行审核并对真实性、合法性负责；定期向企业最高管理层报告企业的财务状况及存在的问题，并提出改进的具体措施。

记账凭证传递顺序：记账凭证—出纳岗位—存货核算岗位—职工薪酬核算岗位—成本核算岗位—资金核算岗位—财务成果核算岗位—往来结算核算岗位—总账报表岗位。

十、相关练习

模拟企业概况：宏伟针织服装公司是民营中小型产品制造企业，生产内衣、家居服等系列产品，注册资本293万元，固定资产285万元，该公司现有职工185人。

该公司地址是滨城市白石路30号，开户银行是中国工商银行白石路营业部，银行账号为098765432111；该企业为增值税一般纳税人，增值税税率为13%，纳税人识别号为24689000088776655H。该公司业务中进货价与销售价均为不含增值税价格，所得税税率为25%。

该公司第三基本生产车间生产男羊毛内衣、女羊毛内衣两种产品，产品成本采用品种法核算，产品质量稳定，适销对路，市场销售情况较好。

该公司设有管理部门、材料仓库、成品仓库及若干行政科室，组织全公司生产经营活动及后勤保障工作。出纳员为王红，材料仓库保管员为赵平，成品仓库保管员为英子。

该公司材料按实际成本法核算，购入材料通过"在途物资"账户核算。发出材料及销售产品成本于月末集中结转，均按综合加权平均法计价。

宏伟针织服装公司2020年11月末的资料如下。

(1) 宏伟针织服装公司 2020 年 11 月 30 日科目余额，见表 1-10-1。

表 1-10-1　　　　　　　　　　　　　科目余额表　　　　　　　　　　　　　单位：元

项　目	借方金额	项　目	贷方金额
库存现金	1 996	短期借款	100 000
银行存款	3 157 630	应付账款	37 580
应收账款	116 000	应付职工薪酬	58 800
其他应收款	1 280	应交税费	45 200
原材料	133 240	应付利息	2 960
生产成本	0	实收资本	2 930 000
库存商品	205 920	盈余公积	92 700
固定资产	2 850 000	利润分配	41 494
减：累计折旧	157 332	本年利润	3 000 000
资产总计	6 308 734	负债及所有者权益总计	6 308 734

(2) 宏伟针织服装公司原材料明细账资料，见表 1-10-2。

表 1-10-2　　　　　　　　　　　　原材料明细账资料

品名	单位	数量	单位成本/元	总成本/元
丝光羊毛	千克	440	131	57 640
全澳毛无结纱	千克	900	84	75 600
合　计				133 240

(3) 宏伟针织服装公司库存商品明细账资料，见表 1-10-3。

表 1-10-3　　　　　　　　　　　　库存商品明细账资料

品名代号	单位	数量	单位成本/元	总成本/元
男羊毛内衣	件	360	172	61 920
女羊毛内衣	件	960	150	144 000
合　计				205 920

(4) 宏伟针织服装公司其他账款明细账资料，见表 1-10-4。

表 1-10-4　　　　　　　　　　　其他账款明细账资料　　　　　　　　　　　单位：元

账户名称	借方余额	贷方余额
应收账款——博文商场	44 000	
——中宁商厦	72 000	
应付账款——旺昌公司		33 640
——荣发公司		3 940
其他应收款——差旅费（刘芳）	700	
——待摊费用（保险费）	580	
应付利息		2 960

(5) 职工刘方预借差旅费 700 元，还未报销。

(6) 2020 年 10 月、11 月已预提短期借款利息 2 960 元。

练习 10-1 2020年12月1日，向同乐公司购入丝光羊毛400千克，每千克120元，材料已验收入库，结算凭证已到，货款及增值税尚未支付。开出转账支票支付运费600元。材料按实际采购成本转账。填制凭证，见表1-10-5～表1-10-8。

表 1-10-5

中国工商银行转账支票存根

中国工商银行
转账支票存根

支票号码　0259430
附加信息　
出票日期　年　月　日

| 收款人： |
| 金　额： |
| 用　途： |

单位主管　　　　会计

表 1-10-6

增值税专用发票

No 00418130

发 票 联　　开票日期：2020年12月1日

购货单位	名　　称：宏伟针织服装公司 纳税人识别号：24689000088776655H 地址、电话：滨城市白石路30号 87651234 开户行及账号：中国工商银行白石路营业部 098765432111	密码区

货物或应税劳务、服务名称	规格型号	单位	数量	单价	金额	税率	税额
丝光羊毛		千克	400	120.00	48 000.00	13%	6 240.00
合计					￥48 000.00		￥6 240.00

价税合计(大写)	伍万肆仟贰佰肆拾元整	(小写)￥54 240.00

销货单位	名　　称：同乐公司 纳税人识别号：35558000123654991T 地址、电话：天海街5号 43008711 开户行及账号：中国工商银行天海营业部 007427652923	备注	同乐公司 发票专用章

收款人：李利　　复核：包艾　　开票人：郭古　　销货单位(章)

第三联：发票联 购货方记账凭证

表 1-10-7

增值税专用发票

No 34014320

抵 扣 联　　开票日期：2020年12月1日

| 购货单位 | 名　称：宏伟针织服装公司
纳税人识别号：24689000088776655H
地址、电话：滨城市白石路30号 87651234
开户行及账号：中国工商银行白石路营业部 098765432111 | 密码区 | |

货物或应税劳务、服务名称	规格型号	单位	数量	单价	金额	税率	税额
*运输服务*运费					600.00	9%	54.00
合计					￥600.00		￥54.00
价税合计(大写)	陆佰伍拾肆元整			(小写)￥654.00			

| 销货单位 | 名　称：远达运输公司
纳税人识别号：34585099892343210Y
地址、电话：春城市桂林街14号 52548907
开户行及账号：中国工商银行春城市分行 021654318012 | 备注 | (远达运输公司 发票专用章) |

收款人：赵飞　　复核：彭鹏　　开票人：张一鸣　　销货单位(章)

第二联：抵扣联 购货方扣税凭证

表 1-10-8

收 料 单

字第 040 号

供应单位：　　　　　　年　月　日　　　　　材料类别：

材料编号	名称	规格	计量单位	数量		实际成本					计划成本	
				应收	实收	买价		运杂费	其他	合计	单位成本	金额
						单价	金额					

仓库负责人：　　　记账：　　　仓库保管员：　　　收料：

练习 10-2　2020年12月3日，宏伟针织服装公司开出转账支票，支付上月应交增值税45 200元。填制凭证，见表1-10-9和表1-10-10。

表 1-10-9

电子缴税凭证

纳税人识别号	24689000088776655H		税务征收机关		国家税务总局滨城金普区税务局	
纳税人全称	宏伟针织服装公司		开户行		中国工商银行白石路营业部	
			银行账户		098765432111	
系统票号	税(费)种	税(品)目	所属时期起	所属时期止	实缴金额	缴款日期	备注
3210338712225468	增值税	企业管理服务	2020-11-01	2020-11-30	45 200.00	2020-12-03	
金额合计		肆万伍仟贰佰元				¥45 200.00	
本缴款凭证仅作为纳税人记账核算凭证使用,电子缴税的需与银行对账单电子划缴记录核对一致方有效。纳税人如需汇总开具正式完税证明,请凭税务登记证或身份证到主管税务机关开具。 税务机关(电子章)							

表 1-10-10

中国工商银行转账支票存根

中国工商银行
转账支票存根

支票号码　0259431

附加信息＿＿＿＿＿＿＿

出票日期　年　月　日

| 收款人: |
| 金　额: |
| 用　途: |

单位主管　　　会计

练习 10-3　2020 年 12 月 4 日,收到博文商场上月账款 44 000 元,中宁商厦账款 72 000 元,存入银行。同日,开出转账支票 33 640 元,偿付旺昌公司上月账款。填制凭证,见表 1-10-11～表 1-10-13。

表 1-10-11

中国工商银行进账单(回单或收账通知)

　　　　　　　　　　　　　　年　月　日　　　　　　第 041 号

收款人	全　称		付款人	全　称											此联是收款人开户银行交给收款人回单或收账通知
	账　号			账　号											
	开户银行			开户银行											
金额	人民币(大写):				千	百	十	万	千	百	十	元	角	分	
票据种类		票据张数													
票据号码															
单位主管　　会计　　复核　　记账				收款人开户银行盖章											

表 1-10-12

中国工商银行进账单(回单或收账通知)

　　　　　　　　　　　　　　年　月　日　　　　　　第 042 号

收款人	全　称		付款人	全　称											此联是收款人开户银行交给收款人回单或收账通知
	账　号			账　号											
	开户银行			开户银行											
金额	人民币(大写):				千	百	十	万	千	百	十	元	角	分	
票据种类		票据张数													
票据号码															
单位主管　　会计　　复核　　记账				收款人开户银行盖章											

表 1-10-13

中国工商银行转账支票存根

中国工商银行

转账支票存根

支票号码　0259432

附加信息

出票日期　年　月　日

收款人:

金　额:

用　途:

单位主管　　会计

练习 10-4 2020年12月5日，发出全澳毛无结纱600千克，用于女羊毛内衣产品生产。填制凭证，见表1-10-14。

表 1-10-14

领 料 单

领料部门：　　　　　　开票日期：　　年　月　日　　　　　　字第 0050 号

材料编号	材料名称	规格	单位	请领数量	实发数量	实际价格	
						单价	金额
用途		领料部门			发料部门		
		负责人	领料人		核准人	发料人	

练习 10-5 2020年12月5日，以现金190元购买办公用品，管理部门直接领用，见表1-10-15。

表 1-10-15

增值税专用发票

No 00918139

发 票 联　　　　　　　　　　开票日期：2020年12月5日

第三联：发票联　购货方记账凭证

购货单位	名　称：宏伟针织服装公司 纳税人识别号：24689000088776655H 地　址、电　话：滨城市白石路30号 87651234 开户行及账号：中国工商银行白石路营业部 098765432111					密码区	
货物或应税劳务、服务名称	规格型号	单位	数量	单价	金额	税率	税额
墨盒		个	1	168.14	168.14	13%	21.86
合计					¥168.14		¥21.86
价税合计(大写)	壹佰玖拾元整					(小写)¥190.00	
销货单位	名　称：宽悦商场 纳税人识别号：05558001123654001K 地　址、电　话：滨城市天欣街11号 44300877 开户行及账号：中国工商银行天欣支行 087427888923					备注	（宽悦商场 发票专用章）

收款人：陆路　　复核：章航信　　开票人：程记　　销货单位(章)

练习 10-6 2020年12月6日，出售男羊毛内衣产品300件给博文商场，单位售价440元，货款及增值税尚未收到，见表1-10-16与表1-10-17。

表 1-10-16

增值税专用发票

No 0071431

发 票 联　　开票日期：2020 年 12 月 6 日

购货单位	名　　称：博文商场 纳税人识别号：58821067001124690B 地　址、电话：梁山市太平路 20 号　48921008 开户行及账号：中国建设银行太平路支行　0256098778456	密码区	

货物或应税劳务、服务名称	规格型号	单位	数量	单价	金额	税率	税额
男羊毛内衣		件	300	440.00	132 000.00	13%	17 160.00
合计					￥132 000.00		￥17 160.00

价税合计(大写)	壹拾肆万玖仟壹佰陆拾元整	(小写)￥149 160.00

销货单位	名　　称：宏伟针织服装公司 纳税人识别号：24689000088776655H 地　址、电话：滨城市白石路 30 号　87651234 开户行及账号：中国工商银行白石路营业部　098765432111	备注	（宏伟针织服装公司 发票专用章）

收款人：章席　　　复核：依亿　　　开票人：哈第　　　销货单位(章)

第三联：发票联　购货方记账凭证

表 1-10-17

产品出库单

用途：　　　　　　　　　年　月　日　　　　　　　　第 105 号

产品名称	计量单位	数量	单位成本	金额
合　计				

记账：　　　保管：　　　检验：　　　经手人：

练习 10-7　2020 年 12 月 7 日，售给中宁商厦女羊毛内衣产品 200 件，单位售价 400 元，货款及增值税尚未收到。填制凭证，见表 1-10-18 与表 1-10-19。

表 1-10-18

增值税专用发票

No 0071432

记 账 联　　开票日期：2020 年 12 月 7 日

购货单位	名　　称：中宁商厦 纳税人识别号：67803440298065431Z 地 址、电 话：红旗街130号 5921348 开户行及账号：中国建设银行红旗街营业部 765609220001	密码区		
货物或应税劳务、服务名称	规格型号	单位	数量	单价	金额	税率	税额
女羊毛内衣		件	200	400.00	80 000.00	13%	10 400.00
合　计					￥80 000.00		￥10 400.00
价税合计(大写)	玖万零肆佰元整			(小写)￥90 400.00			
销货单位	名　　称：宏伟针织服装公司 纳税人识别号：24689000088776655H 地 址、电 话：滨城市白石路30号 87651234 开户行及账号：中国工商银行白石路营业部 098765432111	备注	宏伟针织服装公司 发票专用章	

收款人：章席　　复核：依亿　　开票人：哈第　　　　　　　　　　销货单位(章)

第一联：记账联 销货方记账凭证

表 1-10-19

产品出库单

用途：　　　　　　　　　　　年　月　日　　　　　　　第 106 号

产品名称	计量单位	数量	单位成本	金额
合　　计				

记账：　　　　保管：　　　　检验：　　　　经手人：

练习 10-8　2020 年 12 月 7 日，仓库发出丝光羊毛 200 千克，用于男羊毛内衣产品生产。填制凭证，见表 1-10-20。

表 1-10-20

领　料　单

领料部门：　　　　开票日期：　　年　月　日　　　　第 050 号

材料编号	材料名称	规格	单位	请领数量	实发数量	计划价格	
						单价	金额
用途		领料部门			发料部门		
		负责人	领料人		核准人	发料人	

练习 10-9 2020年12月7日，开出转账支票支付公路货运公司销售运费1 400元。该费用由销货方承担。填制凭证，见表1-10-21与表1-10-22。

表1-10-21

增值税专用发票

No 80012244

抵 扣 联　　　　开票日期：2020年12月7日

第二联：抵扣联 购货方扣税凭证

购货单位	名　　　称：宏伟针织服装公司 纳税人识别号：2468900088776655H 地　址、电　话：滨城市白石路30号　87651234 开户行及账号：中国工商银行白石路营业部　098765432111	密码区	
货物或应税劳务、服务名称	规格型号　单位　数量　单价	金额	税率	税额
*运输服务*运费		1284.4036	9%	115.5964
合计		¥1284.4036		¥115.5964
价税合计(大写)	壹仟肆佰元整	(小写)¥1400.00		
销货单位	名　　　称：源通运输公司 纳税人识别号：0778509989234 3210T 地　址、电　话：春城市西葫街9号　55548900 开户行及账号：中国建行春城西湖街支行　179776152092	备注	（源通运输公司 发票专用章）

收款人：李宁　　　复核：高斯为　　　开票人：钱飞　　　销货单位(章)

表1-10-22

中国工商银行转账支票存根

```
       中国工商银行
       转账支票存根
  支票号码  0259433
  附加信息＿＿＿＿＿＿
  出票日期　　年　月　日
  收款人：
  金　额：
  用　途：
  单位主管　　会计
```

练习 10-10 2020年12月8日，向旺昌公司购入全澳毛无结纱200千克，每千克80元，材料已验收入库，结算凭证已到，开出转账支票支付了货款及增值税。材料按实际采购成本转账。填制凭证，见表1-10-23～表1-10-25。

表 1 - 10 - 23

中国工商银行转账支票存根

中国工商银行
转账支票存根
支票号码　0259434
附加信息　　　　　　　
出票日期　　年　　月　　日
收款人：
金　额：
用　途：
单位主管　　　会计

表 1 - 10 - 24

增值税专用发票

No 030419876

发 票 联　　　　开票日期：2020 年 12 月 8 日

购货单位	名　　称： 宏伟针织服装公司					密码区		
	纳税人识别号：24689000088776655H							
	地　址、电话：滨城市白石路 30 号　87651234							
	开户行及账号：中国工商银行白石路营业部 098765432111							
货物或应税劳务、服务名称	规格型号	单位	数量	单价	金额	税率	税额
全澳毛无结纱		千克	200	80.00	16 000.00	13%	2 080.00
合计					￥16 000.00		￥2 080.00
价税合计(大写)	壹万捌仟零捌拾元整				(小写)￥18 080.00		
销货单位	名　　称： 旺昌公司					备注	(旺昌公司 发票专用章)
	纳税人识别号：01558707981002860W						
	地　址、电话：金溪市西柳路 111 号　97092113						
	开户行及账号：中国工商银行西路营业部 042765931209						

收款人：吴五　　　复核：陈红　　　开票人：思云　　　销货单位(章)

第三联：发票联　购货方记账凭证

表 1 - 10 - 25

收 料 单

字第 041 号

供应单位：　　　　　　　　年　　月　　日　　　　　　材料类别：

材料编号	名称	规格	计量单位	数量		实际成本					计划成本	
				应收	实收	买价		运杂费	其他	合计	单位成本	金额
						单价	金额					

仓库负责人：　　　　　记账：　　　　　仓库保管员：　　　　　收料：

练习 10-11 2020年12月9日，仓库发出丝光羊毛500千克，其中包括制造男羊毛内衣产品用料400千克，车间一般耗用100千克。填制凭证，见表 1-10-26 与表 1-10-27。

表 1-10-26

领 料 单

领料部门：　　　　　　开票日期：　　年　月　日　　　　　字第 051 号

材料编号	材料名称	规格	单位	请领数量	实发数量	计划价格	
						单价	金额
用途		领料部门			发料部门		
		负责人	领料人		核准人	发料人	

表 1-10-27

领 料 单

领料部门：　　　　　　开票日期：　　年　月　日　　　　　字第 052 号

材料编号	材料名称	规格	单位	请领数量	实发数量	计划价格	
						单价	金额
用途		领料部门			发料部门		
		负责人	领料人		核准人	发料人	

练习 10-12 2020年12月10日，向旺昌公司购入全澳毛无结纱500千克，每千克90元，材料已验收入库，结算凭证已到，货款及增值税尚未支付。材料按实际采购成本转账。填制凭证，见表 1-10-28 与表 1-10-29。

表 1-10-28

收 料 单

供应单位：　　　　　　　　年　月　日　　　　　　字第 042 号
　　　　　　　　　　　　　　　　　　　　　　　　材料类别：

材料编号	名称	规格	计量单位	数量		实际成本					计划成本	
				应收	实收	买价		运杂费	其他	合计	单位成本	金额
						单价	金额					

仓库负责人：　　　　记账：　　　　仓库保管员：　　　　收料：

表 1-10-29

增值税专用发票

No 030419890

发 票 联　　开票日期：2020 年 12 月 10 日

购货单位	名　称：	宏伟针织服装公司				密码区		
	纳税人识别号：	24689000088776655H						
	地址、电话：	滨城市白石路 30 号 87651234						
	开户行及账号：	中国工商银行白石路营业部 098765432111						
货物或应税劳务、服务名称	规格型号	单位	数量	单价	金额	税率	税额	
全澳毛无结纱		千克	500	90.00	45 000.00	13%	5 850.00	
合计					¥45 000.00		¥5 850.00	
价税合计(大写)		伍万零捌佰伍拾元整			(小写)¥50 850.00			
销货单位	名　称：	旺昌公司				备注	旺昌公司 发票专用章	
	纳税人识别号：	01558707981002860W						
	地址、电话：	金溪市西柳路 111 号 97092113						
	开户行及账号：	中国工商银行西路营业部 042765931209						

收款人：吴五　　　　复核：陈红　　　　开票人：思云　　　　销货单位(章)

练习 10-13　2020 年 12 月 11 日，开出转账支票支付荣发公司账款 3 940 元。填制凭证，见表 1-10-30。

表 1-10-30

中国工商银行转账支票存根

中国工商银行
转账支票存根

支票号码　0259435
附加信息
出票日期　　年　　月　　日
收款人：
金　额：
用　途：
单位主管　　　会计

练习 10-14　2020 年 12 月 12 日，向荣发公司购入丝光羊毛 600 千克，每千克 132 元，材料已验收入库，结算凭证已到，货款及增值税尚未支付。开出转账支票支付运费 2 616 元。材料按实际采购成本转账。填制凭证，见表 1-10-31～表 1-10-34。

表 1-10-31

增值税专用发票

No 19818132

发 票 联　　开票日期：2020 年 12 月 12 日

购货单位	名　　　　称：宏伟针织服装公司 纳税人识别号：24689000088776655H 地　址、电　话：滨城市白石路 30 号 87651234 开户行及账号：中国工商银行白石路营业部 098765432111	密码区	
货物或应税劳务、服务名称	规格型号	单位	数量	单价	金额	税率	税额
丝光羊毛		千克	600	132.00	79 200.00	13%	10 296.00
合计					￥79 200.00		￥10 296.00
价税合计(大写)	捌万玖仟肆佰玖拾陆元整				(小写) ￥89 496.00		
销货单位	名　　　　称：荣发公司 纳税人识别号：13579000033457788X 地　址、电　话：市场街 1-2 号 34567890 开户行及账号：中国工商银行市场营业部 246802456789	备注	荣发公司 发票专用章

收款人：董思　　复核：李建　　开票人：亿益　　销货单位(章)

第三联：发票联 购货方记账凭证

表 1-10-32

增值税专用发票

No 34012451

抵 扣 联　　开票日期：2020 年 12 月 12 日

购货单位	名　　　　称：宏伟针织服装公司 纳税人识别号：24689000088776655H 地　址、电　话：滨城市白石路 30 号 87651234 开户行及账号：中国工商银行白石路营业部 098765432111	密码区	
货物或应税劳务、服务名称	规格型号	单位	数量	单价	金额	税率	税额
*运输服务*运费					2 400.00	9%	216.00
合计					￥2 400.00		￥216.00
价税合计(大写)	贰仟陆佰壹拾陆元整				(小写) ￥2 616.00		
销货单位	名　　　　称：鸿远运输公司 纳税人识别号：00585099892343210Y 地　址、电　话：平洲市桂小石路 8 号 78908907 开户行及账号：中国工商银行平洲市分行 091243180120	备注	鸿远运输公司 发票专用章

收款人：伍丽　　复核：章薇　　开票人：李斯司　　销货单位(章)

第二联：抵扣联 购货方扣税凭证

表 1-10-33

中国工商银行转账支票存根

中国工商银行

转账支票存根

支票号码　0259436

附加信息

出票日期　年　月　日

| 收款人： |
| 金　额： |
| 用　途： |

单位主管　　　会计

表 1-10-34

收 料 单

字第 043 号

供应单位：　　　　　　　　　年　月　日　　　　　　　材料类别：

材料编号	名称	规格	计量单位	数量		实际成本					计划成本	
				应收	实收	买价		运杂费	其他	合计	单位成本	金额
						单价	金额					

仓库负责人：　　　　记账：　　　　仓库保管员：　　　　收料：

练习 10-15　2020 年 12 月 13 日，完工男羊毛内衣产品 500 件，验收入库。填制凭证，见表 1-10-35。

表 1-10-35

库存商品(产成品)验收入库单

交库单位：　　　　　　　　　年　月　日　　　　　　　第 0160 号

产品名称	交验数量	检验结果		实收数量	计量单位	单位成本	金额
		合格	不合格				
合计							

生产车间：　　　　　　检验人：　　　　　　仓库经收人：

练习 10-16　2020 年 12 月 14 日，出售男羊毛内衣产品 240 件给博文商场，单位售价 440 元，货款及增值税已收到，存入银行。填制凭证，见表 1-10-36～表 1-10-38。

表 1-10-36

增值税专用发票

No 0071436

记 账 联　　　开票日期：2020 年 12 月 14 日

购货单位	名　称：博文商场 纳税人识别号：58821067001124690B 地　址、电　话：梁山市太平路 20 号　48921008 开户行及账号：中国建设银行太平路支行　0256098778456	密码区	

货物或应税劳务、服务名称	规格型号	单位	数量	单价	金额	税率	税额
男羊毛内衣		件	240	440.00	105 600.00	13%	13 728.00
合计					¥105 600.00		¥13 728.00

价税合计(大写)	壹拾壹万玖仟叁佰贰拾捌元整	(小写)¥119 328.00

销货单位	名　称：宏伟针织服装公司 纳税人识别号：2468900088776655H 地　址、电　话：滨城市白石路 30 号　87651234 开户行及账号：中国工商银行白石路营业部　098765432111	备注	（宏伟针织服装公司发票专用章）

收款人：章席　　　复核：依亿　　　开票人：哈第　　　销货单位(章)

表 1-10-37

中国工商银行进账单(回单或收账通知)

2020 年 12 月 14 日　　　第 043 号

收款人	全　称		付款人	全　称											
	账　号			账　号											
	开户银行			开户银行											
金额	人民币(大写)：				千	百	十	万	千	百	十	元	角	分	
票据种类		票据张数													
票据号码															
单位主管　　会计　　复核　　记账						收款人开户银行盖章									

表 1-10-38

产 品 出 库 单

用途：　　　　　　　　　　　年　　月　　日　　　　　　　第 107 号

产品名称	计量单位	数量	单位成本	金额
合　计				

记账：　　　　　保管：　　　　　检验：　　　　　经手：

练习10-17 2020年12月14日，开出现金支票，提取现金1 200元。填制凭证，见表1-10-39。

表1-10-39

中国工商银行转账支票存根

中国工商银行
转账支票存根

支票号码 ＿0259437＿
附加信息 ＿＿＿＿＿
出票日期 年 月 日
收款人：
金 额：
用 途：
单位主管 会计

练习10-18 2020年12月14日，用现金170元购入办公用品，直接交行政管理部门使用。见表1-10-40。

表1-10-40

增值税普通发票

No 06618226

发票联　　　开票日期：2020年12月14日

购货单位	名　　　称：	宏伟针织服装公司					密码区		
	纳税人识别号：	24689000088776655H							
	地　址、电话：	滨城市白石路30号 87651234							
	开户行及账号：	中国工商银行白石路营业部 098765432111							
货物或应税劳务、服务名称	规格型号	单位	数量	单价	金额	税率	税额		
*文具*记账笔		支	10	3.8834	38.834	3%	1.166		
*文具*订书器		个	2	63.1065	126.213	3%	3.787		
合计					¥165.047		¥4.953		
价税合计(大写)	壹佰柒拾元整				(小写)¥170.00				
销货单位	名　　　称：	思议商行					备注	思议商行 发票专用章	
	纳税人识别号：	01558707SDFGV6X654							
	地　址、电话：	金州新区万和路11号 76594411							
	开户行及账号：	中国工商银行万和路营业部 042765937831							

收款人：林傲　　复核：张帆　　开票人：陆思云　　销货单位(章)

练习10-19 2020年12月15日，向旺昌公司购入全澳毛无结纱560千克，每千克84元，材料已验收入库，结算凭证已到，货款及增值税尚未支付。材料按实际采购成本转账。填制凭证，见表1-10-41与表1-10-42。

表 1-10-41

增值税专用发票

No 30419870

发 票 联　　开票日期：2020 年 12 月 15 日

购货单位	名　　称：宏伟针织服装公司 纳税人识别号：2468900008877665H 地　址、电　话：滨城市白石路 30 号　87651234 开户行及账号：中国工商银行白石路营业部　098765432111	密码区			
货物或应税劳务、服务名称	规格型号	单位	数量	单价	金额	税率	税额
全澳毛无结纱		千克	560	84.00	47 040.00	13%	6 115.20
合计					¥47 040.00		¥6 115.20
价税合计(大写)	伍万叁仟壹佰伍拾伍元贰角				(小写)¥53 155.20		
销货单位	名　　称：旺昌公司 纳税人识别号：01558707981002860W 地　址、电　话：金溪市西柳路 111 号　97092113 开户行及账号：中国工商银行西路营业部　042765931209	备注	旺昌公司 发票专用章		

收款人：吴五　　复核：陈红　　开票人：思云　　销货单位(章)

第三联：发票联　购货方记账凭证

表 1-10-42

收 料 单

字第 043 号

供应单位：　　　　　　　　　　　年　　月　　日　　　　　材料类别：

材料编号	名称	规格	计量单位	数量		实际成本					计划成本	
				应收	实收	买价		运杂费	其他	合计	单位成本	金额
						单价	金额					

仓库负责人：　　　　记账：　　　　仓库保管员：　　　　收料：

练习 10-20　2020 年 12 月 16 日，收到中宁商厦 12 月 7 日货款及增值税 90 400 元。填制凭证，见表 1-10-43。

表 1-10-43

中国工商银行进账单(回单或收账通知)

2020 年 12 月 16 日　　　　　　　　　　　　　第 044 号

收款人	全称		付款人	全称	
	账号			账号	
	开户银行			开户银行	

金额	人民币(大写):	千	百	十	万	千	百	十	元	角	分

票据种类		票据张数	
票据号码			

单位主管　　会计　　复核　　记账　　　　　　　　收款人开户银行盖章

此联是收款人开户行交给收款人回单或收账通知

练习 10-21　2020 年 12 月 16 日，开出转账支票 54 240 元，支付 12 月 1 日同乐公司货款及增值税。填制凭证，见表 1-10-44。

表 1-10-44

中国工商银行转账支票存根

中国工商银行
转账支票存根

支票号码　0259438
附加信息
出票日期　　年　　月　　日
收款人：
金　额：
用　途：
单位主管　　　　会计

练习 10-22　2020 年 12 月 16 日，收到博文商场 12 月 6 日货款及增值税 149 160 元。见表 1-10-45。

表 1-10-45

中国工商银行进账单(回单或收账通知)

2020 年 12 月 16 日　　　　　　第 044 号

收款人	全　称		付款人	全　称											
	账　号			账　号											
	开户银行			开户银行											
金额	人民币(大写):				千	百	十	万	千	百	十	元	角	分	
票据种类		票据张数													
票据号码															
单位主管　　会计　　复核　　记账				收款人开户银行盖章											

此联是收款人开户行交给收款人回单或收账通知

练习 10-23　2020 年 12 月 17 日，向定化公司出售女羊毛内衣产品 360 件，单位售价 400 元，货款及增值税已收到，存入银行。同时，用转账支票支付运费 2 400 元。填制凭证，见表 1-10-46～表 1-10-50。

表 1-10-46

增值税专用发票

No 0071437

记　账　联　　　　　开票日期：2020 年 12 月 17 日

购货单位	名　　称：定化公司	密码区
	纳税人识别号：48401099120966552D	
	地　址、电　话：定海市吴帆甲路 20-2 号 78901008	
	开户行及账号：中国建设银行吴帆甲路支行 133609870089	

货物或应税劳务、服务名称	规格型号	单位	数量	单价	金额	税率	税额
女羊毛内衣		件	360	400.00	144 000.00	13%	18 720.00
合计					￥144 000.00		￥18 720.00

价税合计(大写)	壹拾陆万贰仟柒佰贰拾元整	(小写)￥162 720.00

销货单位	名　　称：宏伟针织服装公司	备注
	纳税人识别号：24689000088776655H	
	地　址、电　话：滨城市白石路 30 号 87651234	
	开户行及账号：中国工商银行白石路营业部 098765432111	

收款人：章席　　复核：依亿　　开票人：哈第　　销货单位(章)

第一联：记账联　销货方记账凭证

表 1-10-47

中国工商银行进账单(回单或收账通知)

2020 年 12 月 17 日　　　　　　　　　　第 045 号

收款人	全称		付款人	全称		金额	千	百	十	万	千	百	十	元	角	分	此联是收款人开户行交给收款人回单或收账通知
	账号			账号													
	开户银行			开户银行													

金额	人民币(大写):					千	百	十	万	千	百	十	元	角	分

票据种类		票据张数	
票据号码			

单位主管　　会计　　复核　　记账　　　　　　　　收款人开户银行盖章

表 1-10-48

增值税普通发票

No 33012200

发 票 联　　　　　　开票日期：2020 年 12 月 17 日

购货单位	名　　称:	宏伟针织服装公司	密码区
	纳税人识别号:	24689000088776655H	
	地　址、电话:	滨城市白石路30号 87651234	
	开户行及账号:	中国工商银行白石路营业部 098765432111	

货物或应税劳务、服务名称	规格型号	单位	数量	单价	金额	税率	税额
*运输服务*运费					2 201.83 4 9	9%	198.16 5 1
合计					￥2 201.83 4 9		￥198.16 5 1

价税合计(大写)	贰仟肆佰元整	(小写)￥2 400.00

销货单位	名　　称:	鸿翔运输公司	备注
	纳税人识别号:	00585099892343213A	
	地　址、电话:	定远市平弯南路18号 66908901	（鸿翔运输公司发票专用章）
	开户行及账号:	中国工商银行定远市分行 098843180120	

收款人：王丽　　　复核：李晓　　　开票人：周本　　　销货单位(章)

第二联：发票联　购货方记账凭证

表 1-10-49

中国工商银行转账支票存根

中国工商银行
转账支票存根
支票号码　0259439
附加信息_____
出票日期　年　月　日
收款人：
金　额：
用　途：
单位主管　　　会计

表 1-10-50

产　品　出　库　单

用途：　　　　　　　　　　　　年　月　日　　　　　　　　　　第 108 号

产品名称	计量单位	数量	单位成本	金额
合　计				

记账：　　　　保管：　　　　检验：　　　　经手：

练习 10-24　2020 年 12 月 18 日，仓库发出丝光羊毛 500 千克，其中制造男羊毛内衣产品用料 300 千克，生产女羊毛内衣产品用料 200 千克；发出全澳毛无结纱 560 千克，用于生产女羊毛内衣产品。填制凭证，见表 1-10-51～表 1-10-53。

表 1-10-51

领　料　单

领料部门：　　　　　　开票日期：　　年　月　日　　　　　　第 053 号

材料编号	材料名称	规格	单位	请领数量	实发数量	实际成本	
						单价	金额
用途		领料部门			发料部门		
		负责人	领料人		核准人	发料人	

表 1-10-52

领 料 单

领料部门：　　　　　　开票日期：　　年　月　日　　　　　　　第 054 号

材料编号	材料名称	规格	单位	请领数量	实发数量	实际成本	
						单价	金额
用途			领料部门			发料部门	
			负责人	领料人		核准人	发料人

表 1-10-53

领 料 单

领料部门：　　　　　　开票日期：　　年　月　日　　　　　　　第 055 号

材料编号	材料名称	规格	单位	请领数量	实发数量	实际成本	
						单价	金额
用途			领料部门			发料部门	
			负责人	领料人		核准人	发料人

练习 10-25　2020 年 12 月 20 日，行政人员刘方报销上月预借差旅费 700 元，余款交回现金 10 元。填制凭证，见表 1-10-54 与表 1-10-55。

表 1-10-54

差 旅 费 报 销 单

单位：办公室　　　　　　2020 年 12 月 20 日　　　　　　附单据 7 张

姓名	刘方			事由		出差起至地点		预借差旅费		700元	出差日期			11月30日	
起			至			起至地点		车别	车船费	途中补助		住宿费及住宿补助		住勤补助		市内交通费	其他支出
月	日	时	月	日	时	起	至			标准	金额	天数	标准	金额	天数	标准	金额		
12	6	20	12	16	18	滨城	东江	硬	340		100	10	20	200				50	
总计			¥690.00			分项合计			340		100			200				50	
报销金额(大写)：										应交(付)金额				¥10.00	
领导审批			财务审核				单位审核					报销人			

表 1-10-55

收 据

年　月　日　　　　　　　　　　　　　　　　　　　第 046 号

交款单位或姓名	
款项内容	
金额	人民币(大写)　　　　　　　　　　　　　　¥_____

收款单位公章　　　　　　　收款　　　　　　　交款

练习 10-26　2020 年 12 月 21 日，开出转账支票 52 650 元，支付旺昌公司 12 月 10 日货款及增值税。填制凭证，见表 1-10-56。

表 1-10-56

中国工商银行转账支票存根

中国工商银行
转账支票存根

支票号码　0259440

附加信息_____

出票日期　年　月　日

收款人：
金　额：
用　途：

单位主管　　　　会计

练习 10-27　2020 年 12 月 21 日，开出支票从思议商行购买办公品 1 000 元，车间直接领用。见表 1-10-57 和表 1-10-58。

表 1-10-57

增值税普通发票

No 06618289

发 票 联　　　　开票日期：2020 年 12 月 21 日

购货单位	名　　称：宏伟针织服装公司 纳税人识别号：24689000088776655H 地　址、电　话：滨城市白石路 30 号　87651234 开户行及账号：中国工商银行白石路营业部　098765432111	密码区		第三联：发票联 购货方记账凭证
货物或应税劳务、服务名称	规格型号　单位　数量　单价　金额　税率　税额			
*纸质品*打印纸	包　　10　24.272　242.72　3%　7.28			
*文具*计算器	个　　 5　77.670　388.35　3%　11.65			
*文具*笔	支　　10　33.985　339.85　3%　10.15			
合计	¥970.92　　　　¥29.08			
价税合计(大写)	壹仟元整　　　　　　　　　　　　(小写)¥1 000.00			
销货单位	名　　称：思议商行 纳税人识别号：01558707SDFGV6X654 地　址、电　话：金州新区万和路 11 号　76594411 开户行及账号：中国工商银行万和路营业部　042765937831	备注	思议商行 发票专用章	

收款人：林傲　　　复核：张帆　　　开票人：陆思云　　　销货单位(章)

表 1 – 10 – 58

中国工商银行转账支票存根

中国工商银行
转账支票存根
支票号码 0259441
附加信息
出票日期　年　月　日
收款人：
金　额：
用　途：
单位主管　　　会计

练习 10 – 28　2020 年 12 月 22 日，男羊毛内衣号产品 300 件完工，验收入库。填制凭证，见表 1 – 10 – 59。

表 1 – 10 – 59

库存商品(产成品)验收入库单

交库单位：　　　　　　　年　　月　　日　　　　　　　　第 0161 号

产品名称	交验数量	检验结果		实收数量	计量单位	单位成本	金额(元)
		合格	不合格				
合计							

生产车间：　　　　　　　检验人：　　　　　　　仓库经收人：

练习 10 – 29　2020 年 12 月 24 日，开出支票支付职工报销医药费 3 120 元。填制凭证，见表 1 – 10 – 60 和表 1 – 10 – 61。

表 1 – 10 – 60

第三人民医院收费专用发票

姓名：金虎　　　　　日期：2020 年 12 月 24 日　　　　　No 1446890

项目	单位	标准	数量	金额	
检查费				100	报
化验费				40	销
治疗费				1 580	凭
西药费				1 400	证
合计				¥3 120	

制单：李宏毅　　　　　　　　　　　　　　　　　　收款：周凡

表 1-10-61

中国工商银行转账支票存根

中国工商银行
转账支票存根

支票号码 0259442
附加信息ˍˍˍˍˍˍˍˍ
出票日期　年　月　日
收款人：
金　额：
用　途：
单位主管　　会计

练习 10-30　2020 年 12 月 26 日，开出支票支付职工工资 38 800 元。见表 1-10-62。

表 1-10-62

工　资　结　算　单

2020 年 12 月　　　　　　　　　　　　　　　　　　　　　单位：元

部门	编号	姓名	基本工资	津贴	奖金	合计
略		略	略			略
合计						38 800

练习 10-31　2020 年 12 月 28 日，出售给博文商场男羊毛内衣产品 240 件，单位售价 440 元，货款及增值税尚未收到，用支票支付销售运费 3 300 元（运费由销售方承担）。填制凭证，见表 1-10-63～表 1-10-67。

表 1-10-63

中国工商银行转账支票存根

中国工商银行
转账支票存根

支票号码 0259443
附加信息ˍˍˍˍˍˍˍˍ
出票日期　年　月　日
收款人：
金　额：
用　途：
单位主管　　会计

表 1-10-64

增值税专用发票

No 0071499

记 账 联　　　　　　　　开票日期：2020 年 12 月 28 日

购货单位	名称：博文商场　　　　　　　　　　　　　　　　　　　　　　　　纳税人识别号：58821067001124690B 地址、电话：梁山市太平路20号　48921008 开户行及账号：中国建设银行太平路支行　0256098778456	密码区			
货物或应税劳务、服务名称	规格型号	单位	数量	单价	金额	税率	税额
男羊毛内衣		件	240	440.00	105 600.00	13%	13 728.00
合计					¥105 600.00		¥13 728.00
价税合计(大写)	壹拾壹万玖仟叁佰贰拾捌元整				(小写)¥119 328.00		
销货单位	名称：宏伟针织服装公司 纳税人识别号：24689000088776655H 地址、电话：滨城市白石路30号　87651234 开户行及账号：中国工商银行白石路营业部　098765432111	备注	（宏伟针织服装公司 发票专用章）				

收款人：章席　　　　复核：依亿　　　　开票人：哈第　　　　销货单位(章)

第一联：记账联　销货方记账凭证

表 1-10-65

增值税专用发票

No 90012289

发 票 联　　　　　　　　开票日期：2020 年 12 月 28 日

购货单位	名称：宏伟针织服装公司 纳税人识别号：24689000088776655H 地址、电话：滨城市白石路30号　87651234 开户行及账号：中国工商银行白石路营业部　098765432111	密码区			
货物或应税劳务、服务名称	规格型号	单位	数量	单价	金额	税率	税额
*运输服务*运费					3 027.523	9%	272.477
合计					¥3 027.523		¥272.477
价税合计(大写)	叁仟叁佰元整				(小写)¥3 300.00		
销货单位	名称：通达运输公司 纳税人识别号：01585091192343225Q 地址、电话：滨城市白云山路18-3号　77908911 开户行及账号：中国工商银行白云山支行　011243180442	备注	（通达运输公司 发票专用章）				

收款人：时春　　　　复核：成丽　　　　开票人：李薇　　　　销货单位(章)

第三联：发票联　购货方记账凭证

表 1-10-66

中国工商银行转账支票存根

中国工商银行
转账支票存根

支票号码 0259443
附加信息
出票日期　年　月　日
收款人：
金　额：
用　途：
单位主管　　　会计

表 1-10-67

产 品 出 库 单

用途：　　　　　　　年　月　日　　　　　　　第 109 号

产品名称	计量单位	数量	单位成本	金额
合　计				

记账：　　　　　保管：　　　　　检验：　　　　　经手人：

练习 10-32 2020 年 12 月 31 日，按材料用途，根据本月领料单汇总，结转本月耗用材料费用。采用加权平均法计算材料单价。填制凭证，见表 1-10-68。

表 1-10-68

材 料 耗 用 汇 总 表

年　月　日

用　途	丝光羊毛/千克	全澳毛无结纱/千克	金额/元
制造产品用			
男羊毛内衣			
女羊毛内衣			
小计			
车间一般耗用			
合计			

练习 10-33 2020 年 12 月 31 日，计算得出本月生产工人工资为 27 200 元（按产品生产工时在两种产品间进行分配：男羊毛内衣产品 3 200 工时，女羊毛内衣产品 3 600 工时），车间管理人员工资为 2 400 元，公司行政管理人员工资 9 200 元。填制凭证，见表 1-10-69。

表 1-10-69

工 资 汇 总 表

2020 年 12 月   单位：元

应借项目		分配标准	应付工资
生产成本	男羊毛内衣产品		
	女羊毛内衣产品		
	小计		
制造费用			
管理费用			
合计			

练习 10-34 2020 年 12 月 31 日，本月车间耗电 5 816 千瓦时，管理部门耗电 5 056 千瓦时，每千瓦时 0.5 元，已用转账支票支付。填制凭证，见表 1-10-70～表 1-10-72。

表 1-10-70

电 费 分 配 计 算 表

2020 年 12 月   单位：元

部门名称	用电量	单价	金额
基本生产车间			
管理部门			
合计			

表 1-10-71

增值税专用发票

No 00578907

发票联   开票日期：2020 年 12 月 31 日

购货单位	名　　　称：	宏伟针织服装公司			密码区		
	纳税人识别号：	24689000088776655H					
	地　址、电　话：	滨城市白石路 30 号　87651234					
	开户行及账号：	中国工商银行白石路营业部　098765432111					
货物或应税劳务、服务名称	规格型号	单位	数量	单价	金额	税率	税额
电		千瓦时	10 872	0.50	5 436.00	13%	706.68
合计					¥5 436.00		¥706.68
价税合计(大写)	陆仟壹佰肆拾贰元陆角捌分				(小写)¥6 142.68		
销货单位	名　　　称：	电力开发有限公司			备注		
	纳税人识别号：	46058011980123761K					
	地　址、电　话：	滨城市金马街 25 号　87901231					
	开户行及账号：	中国工商银行金马营业部　742799981100					

收款人：钱欧化　　复核：杨品　　开票人：李大才　　销货单位(章)

第三联：发票联 购货方记账凭证

表 1-10-72

中国工商银行转账支票存根

```
        中国工商银行
       转账支票存根
  支票号码  0259444
  附加信息
  出票日期    年    月    日
  ┌─────────────────┐
  │ 收款人：         │
  │ 金  额：         │
  │ 用  途：         │
  └─────────────────┘
  单位主管        会计
```

练习 10-35 2020 年 12 月 31 日，计算本月固定资产折旧费为 5 600 元，其中，车间负担 70%。填制凭证，见表 1-10-73。

表 1-10-73

固定资产折旧计算表

2020 年 12 月 31 日　　　　　　　　　　　　　　　　　　单位：元

摘要	应借科目	金额
车间用固定资产折旧	制造费用	
管理部门用固定资产折旧	管理费用	
合　计		

练习 10-36 2020 年 12 月 31 日，摊销本月应负担的财产保险费 580 元。该保险费年初预付 6 960 元，一年期每月平均分摊。填制凭证，见表 1-10-74。

表 1-10-74

保险费分配表

2020 年 12 月 31 日　　　　　　　　　　　　　　　　　　单位：元

摘要	应借科目	金额
摊销财产保险费	管理费用	
合　计		

练习 10-37 2020 年 12 月 31 日，支付本季度借款利息 4 440 元。(10 月、11 月已预提 2 960 元)。填制凭证，见表 1-10-75 和表 1-10-76。

表 1-10-75

中 国 工 商 银 行

贷款利息通知单(第三联代支款通知)

贷款账户户名：宏伟针织服装公司	账号：098765432111
利息计算时间：2020年10月1日 起 2020年12月31日 止	左列贷款利息已从你单位账号 ＿＿＿＿账户付出。
计息基数共计：1 000 000.00　利率：月 14.8‰	开户银行盖章
利息金额(大写)：肆仟肆佰肆拾元整	
附记：　　　　　　　　　￥ 4 440	
会计 13 号　事后监督 5 号　复核 7 号　制单：9 号	2020 年 12 月 31 日

表 1-10-76

中国工商银行转账支票存根

中国工商银行

转账支票存根

支票号码　0259445
科　　目 ＿＿＿＿＿＿＿＿
对方科目 ＿＿＿＿＿＿＿＿
出票日期　年　月　日
收款人：
金　额：
用　途：
单位主管　　　会计

练习 10-38　2020 年 12 月 31 日，结转本月制造费用，并按产品生产工时在男羊毛内衣、女羊毛内衣两种产品之间分配（分配率保留 3 位小数，分配额保留整数）。填制凭证，见表 1-10-77。

表 1-10-77

制 造 费 用 分 配 表

2020 年 12 月 31 日　　　　　　　　　　　　　　　　单位：元

项目	分配标准（工时）	分配率	分配金额
男羊毛内衣			
女羊毛内衣			
合计			

练习 10-39　2020 年 12 月 31 日，男羊毛内衣产品 800 件全部完工，结转完工产品生产成本。填制凭证，见表 1-10-78。

表 1-10-78

产品生产成本计算表

2020 年 12 月 31 日　　　　　　　　　　　　　　　　　　　单位：元

成本项目	男羊毛内衣（800 件）		女羊毛内衣（本月未完工）	
	单位成本	总成本	单位成本	总成本
直接材料				
直接人工				
其他直接支出				
制造费用				
合计				
完工产品成本				

练习 10-40　2020 年 12 月 31 日结转已售男羊毛内衣产品、女羊毛内衣产品的销售成本。采用加权平均法计算男羊毛内衣产品单位成本，女羊毛内衣产品单位成本按期初单位成本计算。填制凭证，见表 1-10-79。

表 1-10-79

产品销售成本计算表

2020 年 12 月 31 日　　　　　　　　　　　　　　　　　　　单位：元

产品名称	销售数量	单位成本	总成本
男羊毛内衣			
女羊毛内衣			
合计			

练习 10-41　按当月应交增值税的 7% 计算城市维护建设税。填制凭证，见表 1-10-80。

表 1-10-80　　《城建税、教育费附加、地方教育税附加税（费）申报表》

纳税人识别号		24689000088776655H		税款所属期起	2020.11.1	税款所属期止		2020.11.31	
纳税人信息		名称		宏伟针织服装公司		登记类型		单位	
		登记注册类型	其他有限公司	所属行业	制造业	身份证件类型		居民身份证	
		身份证件号			联系方式		87651234		
征收项目	征收品目	计税（费）依据			税率（征收率）	本期应纳税（费）额	本期减免税费额		本期已交税费额	本期应补退税费额
		增值税		消费税	合计			减免性质代号	减免额		
		一般增值税	免抵税								
城市维护建设税	市区（增值税附加）					7%	2 952.47				
教育费附加						3%	—				
地方教育费附加						2%	—				
合计											
受理信息											
纳税人（签章）				代理人（签章）			代理人身份证号				
受理人	国家税务总局滨城税务局			受理时间	2020-12-7		受理税务机关		国家税务总局滨城税务局		

练习 10-42 2020 年 12 月 31 日，结转本月的收入和费用。填制凭证，见表 1-10-81。

表 1-10-81　　　　　　　　　　　损益类账户余额表　　　　　　　　　　　单位：元

账户名称	借方余额	贷方余额

练习 10-43 2020 年 12 月 31 日，根据本月实现的利润总额（假设利润总额与应纳税所得额一致），按 25% 的税率计算所得税。填制凭证，见表 1-10-82。

表 1-10-82　　　　　　　　　　　所得税计算表　　　　　　　　　　　单位：元

应纳税所得额	所得税税率	应纳税所得额

练习 10-44 2020 年 12 月 31 日，结转本月所得税费用，填制凭证，见表 1-10-83。

表 1-10-83　　　　　　　　　　　12 月净利润计算表　　　　　　　　　　　单位：元

"本年利润"账户	借方发生额合计	贷方发生额合计	余额

练习 10-45 2020 年 12 月 31 日，结转全年净利润，填制凭证，见表 1-10-84。

表 1-10-84　　　　　　　　　　　结转全年净利润　　　　　　　　　　　单位：元

1～11 月净利润	12 月净利润	本年净利润合计

练习 10-46 2020 年 12 月 31 日，按当年税后利润的 10% 提取法定盈余公积金。填制凭证，见表 1-10-85。

表 1-10-85　　　　　　　　　盈余公积金提取计算表

2020 年度　　　　　　　　　　　　　　　　　　　单位：元

1~11 月净利润	12 月净利润	本年净利润合计	法定盈余公积金提取比例	法定盈余公积金提取金额
			10%	

练习 10-47 2020 年 12 月 31 日，应付投资人利润按可供分配利润的 40% 计算。填制凭证，见表 1-10-86。

表 1-10-86　　　　　　　　　应付股利计算表

2020 年度　　　　　　　　　　　　　　　　　　　单位：元

上年未分配利润	本年净利润	可供分配利润合计	分配比例	应付利润
			40%	

练习 10-48 2020 年 12 月 31 日，年终结账。将"利润分配"其他明细账户余额转入"利润分配——未分配利润"账户。填制凭证，见表 1-10-87~表 1-10-89。

表 1-10-87　　　　　　　　　年终账户结转　　　　　　　　　　　　　单位：元

	利润分配——未分配利润	利润分配——提取法定盈余公积	利润分配——应付利润
借方发生额			
贷方发生额			
余额			

表 1-10-88　　　　　　　　　　　　　　资 产 负 债 表

会企 01 表

编制单位：　　　　　　　　　　　　　年　　月　　日　　　　　　　　　　　　　单位：元

资产	期末余额	年初余额	负债和所有者权益	期末余额	年初余额
流动资产：			流动负债：		
货币资金			短期借款		
以公允价值计量且其变动计入当期损益的金融资产			以公允价值计量且其变动计入当期损益的金融负债		
衍生金融资产			衍生金融负债		
应收票据及应收账款			应付票据及应付账款		
预付账款			预收账款		
其他应收款			应付职工薪酬		
存货			应交税费		
持有待售资产			其他应付款		
一年内到期的非流动资产			持有待售负债		
其他流动资产			一年内到期的非流动负债		
流动资产合计			其他流动负债		
非流动资产：			流动负债合计		
可供出售金融资产			非流动负债：		
持有至到期投资			长期借款		
长期应收款			应付债券		
长期股权投资			其中：优先股		
投资性房地产			永续股		
固定资产			长期应付款		
在建工程			预计负债		
生产性生物资产			递延收益		
油气资产			递延所得税负债		
无形资产			其他流动负债		
开发支出			非流动负债合计		
商誉			负债合计		
长期待摊费用			所有者权益（或股东权益）：		
递延所得税资产			实收资本（或股本）		
其他非流动资产			其他权益工具		
非流动资产合计			其中：优先股		
			永续股		
			资本公积		
			减：库存股		
			其他综合收益		
			盈余公积		
			未分配利润		
			所有者权益（或股东权益）合计		
资产总计			负债和所有者权益（或股东权益）总计		

表 1-10-89　　　　　　　　　　　利润表

会企 02 表

编制单位：　　　　　　　　　　　　年　　月　　　　　　　　　　　　　　单位：元

项　　目	本期金额	上期金额
一、营业收入		
减：营业成本		
税金及附加		
销售费用		
管理费用		
研发费用		
财务费用		
其中：利息费用		
利息收入		
资产减值损失		
加：其他收益		
投资收益（损失以"—"号填列）		
其中：对联营企业和合营企业的投资收益		
公允价值变动收益（损失以"—"号填列）		
资产处置收益（损失以"—"号填列）		
二、营业利润（亏损以"—"号填列）		
加：营业外收入		
减：营业外支出		
三、利润总额（亏损总额以"—"号填列）		
减：所得税费用		
四、净利润（净亏损以"—"号填列）		
（一）持续经营净利润（净亏损以"—"号填列）		
（二）终止经营净利润（净亏损以"—"号填列）		
五、其他综合收益的税后净额		
……		
六、综合收益总额		
七、每股收益		
（一）基本每股收益		
（二）稀释每股收益		

实验小结

本实验介绍了企业会计工作岗位的设置，每个岗位的工作职责、作用及工作内容。会计岗位之间的分工与协作。

本实验重点训练模拟企业实际工作环境，分小组、分岗位进行真实会计核算，每小组共同完成一个企业的一个会计循环过程。

实验思考题

1. 各个岗位在具体进行核算时应注意什么？如何提高工作效率？
2. 在实际工作中怎样设置岗位更合理？
3. 通过岗位综合实验你有哪些体会？

实验十 参考答案

第二部分

基础会计实验习题

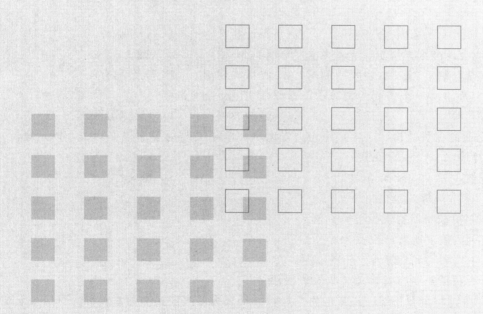

第一章 会计基本理论

一、单项选择题

1. 会计的基本职能是（　　）。
   A. 反映与核算　　B. 核算与监督　　C. 反映与分析　　D. 控制与监督
2. 近代会计的主要标志是（　　）。
   A. 单式簿记　　B. 复式簿记　　C. 电算化会计　　D. 官厅会计
3. 会计核算时，统一的计量标准是（　　）。
   A. 劳动度量　　B. 货币度量　　C. 实物度量　　D. 其他度量
4. 以下属于企业会计核算前提的是（　　）。
   A. 权责发生制　　B. 会计分期　　C. 历史成本　　D. 收付实现制
5. 下列选项中属于反映企业财务状况的会计要素的是（　　）。
   A. 收入　　B. 所有者权益　　C. 费用　　D. 利润
6. 企业处理会计业务的方法和程序在不同的会计期间要保持前后一致，不得随意改变，这符合（　　）的要求。
   A. 有用性　　B. 可比性　　C. 客观性　　D. 重要性
7. 会计对象的具体划分标准是（　　）。
   A. 会计科目　　B. 会计原则　　C. 会计要素　　D. 会计账户
8.《企业会计准则》规定，企业的会计核算应以（　　）为基础。
   A. 永续盘存制　　B. 权责发生制　　C. 收付实现制　　D. 实地盘存制
9. 资产是企业拥有或控制的资源，该资源预期会给企业带来（　　）。
   A. 经济利益　　B. 经济资源　　C. 经济效果　　D. 经济效益
10. 某企业的存货计价，去年采用先进先出法，今年又改用了加权平均法，该企业的做法主要违背了（　　）的要求。
    A. 客观性　　B. 谨慎性　　C. 可比性　　D. 重要性
11. 会计基本恒等式是指（　　）。
    A. 资产＝负债＋所有者权益＋利润
    B. 资产＝负债＋所有者权益
    C. 收入－费用＝利润
    D. 资产＝负债＋所有者权益＋收入－费用
12. 会计核算将企业持续、正常的生产经营活动视为基本前提，通常被称为（　　）。
    A. 会计假设　　B. 会计分析　　C. 持续经营　　D. 会计主体
13. （　　）作为会计核算的基本前提，就是将特定主体持续不断的生产经营活动人为地划分为若干期间。
    A. 会计分期　　B. 会计主体　　C. 会计年度　　D. 会计制度
14. 会计核算必须以实际发生的经济业务及证明经济业务发生的合法性凭证为依据，应当遵循（　　）的要求。

A. 可靠性　　　B. 一致性　　　C. 合法性　　　D. 可理解性

15. 会计核算在全面反映企业财务状况和经营成果的基础上，对于重要的经营业务应当分别核算、单独反映，所遵循的是（　　）的要求。

A. 谨慎性　　　B. 重要性　　　C. 可理解性　　　D. 可靠性

16. 只有在采用权责发生制核算基础的情况下，才需要设置（　　）账户。

A. "银行存款"　　　　　　　B. "本年利润"
C. "长期待摊费用"　　　　　D. "实收资本"

17. 所有者权益的特征不包括（　　）。

A. 一般情况下不需要偿还　　B. 必须偿还
C. 无优先清偿权　　　　　　D. 有参与企业利润分配的权利

18. 下列各项中属于流动负债的有（　　）。

A. 国库券　　　B. 预收账款　　　C. 实收资本　　　D. 对外单位投入现金

19. 下列各项中属于流动资产的有（　　）。

A. 现金　　　B. 运输设备　　　C. 专利权　　　D. 开办费

二、多项选择题

1. 下列属于会计核算基本前提的是（　　）。

A. 会计主体　　　B. 持续经营　　　C. 会计分期　　　D. 货币计量

2. 无论在权责发生制还是在收付实现制下均应作为本期收入或费用的有（　　）。

A. 上月售货，价款本月收到
B. 以银行存款支付本月保险费
C. 本月售货，价款已收到
D. 以银行存款预付下月办公楼租金

3. 会计主体可以是（　　）。

A. 一个营利性组织　　　　　B. 具备"法人"资格的实体
C. 不具备"法人"资格的实体　D. 一个非营利性组织

4. 下列属于会计信息质量要求的是（　　）。

A. 可比性　　　B. 及时性　　　C. 可靠性　　　D. 谨慎性

5. 会计计量属性主要有（　　）。

A. 历史成本　　　B. 重置成本　　　C. 可变现净值　　　D. 现值和公允价值

6. 根据《企业会计准则》的规定，会计要素包括（　　）。

A. 资产和负债　　B. 费用和收入　　C. 利得和损失　　D. 利润和所有者权益

7. 广义的权益概念包括（　　）。

A. 资产　　　B. 负债　　　C. 费用　　　D. 所有者权益

8. 下列属于流动资产的有（　　）。

A. 企业的办公楼　　　　　B. 存放在仓库的材料
C. 存放在仓库的产成品　　D. 车间的机器

9. 下列属于企业资产项目的有（　　）。

A. 预付账款　　B. 在产品　　C. 预收账款　　D. 租入包装物暂付的押金

10. 下列属于企业负债项目的有（　　）。

A. 应付账款　　　　　　　　B. 厂长暂借的差旅费
C. 实收资本　　　　　　　　D. 预收账款

11. 构成企业所有者权益的是（　　）。
A. 实收资本　　B. 资本公积　　C. 盈余公积　　D. 未分配利润

12. 企业的非流动资产包括（　　）。
A. 存货　　　　B. 长期股权投资　　C. 固定资产　　D. 无形资产

13. 现代会计的两大分支是（　　）。
A. 管理会计　　B. 财务会计　　C. 成本会计　　D. 电算化会计

14. 下列属于会计职能的有（　　）。
A. 核算　　　　B. 分析　　　　C. 监督　　　　D. 预测和决策

三、名词解释

1. 会计主体　　　　　　　　2. 持续经营
3. 会计分期　　　　　　　　4. 货币计量
5. 可靠性　　　　　　　　　6. 相关性
7. 可比性　　　　　　　　　8. 及时性
9. 可理解性　　　　　　　　10. 权责发生制
11. 谨慎性　　　　　　　　 12. 重要性
13. 实质重于形式　　　　　 14. 收付实现制
15. 配比原则　　　　　　　 16. 历史成本
17. 资产　　　　　　　　　 18. 负债
19. 所有者权益　　　　　　 20. 收入
21. 费用　　　　　　　　　 22. 利润

四、判断题

1. 会计主体是企业法人。（　　）
2. 历史成本计量属性是指企业的各种资产应当按其取得或购建时发生的实际成本计价。（　　）
3. 在法律上，个人独资企业和合伙企业都没有独立的法人资格，不具备独立的行为能力，在会计上也不能作为独立的会计主体对待。（　　）
4. 谨慎性要求在会计核算工作中，做到谨慎、谦虚，不夸大企业的成绩。（　　）
5. 可比性只是从不同企业会计信息相互可比的角度提出的质量要求。（　　）
6. 某一会计事项是否具有重要性，在很大程度上取决于会计人员的职业判断。对于同一会计事项，在某一企业具有重要性，在另一企业则不一定具有重要性。（　　）
7. 根据权责发生制的要求，即使不属于当期的收入，只要款项已在当期收到，就应作为当期收入予以确认。（　　）
8. 资产可以是有形的，如商品、产品、汽车等，但也可以是无形的，如商誉等。（　　）
9. 负债与所有者权益都属于权益，都需要到期偿还。（　　）
10. 会计期间的划分是配合企业经营的自然现象，而不是人为地划分。（　　）

11. 企业一旦决定了某种经济业务的会计处理方法，就必须沿用下去，永不得变更。
（　　）
12.《企业会计准则》规定，企业应当以日历年度作为会计年度。（　　）
13. 相关性是指会计人员提供的信息要与企业领导人的要求相关。（　　）
14. 法律主体必定是会计主体，会计主体也必定是法律主体。（　　）
15. 根据权责发生制，收入和费用的确认并不完全取决于款项是否已经收付。（　　）
16. 谨慎性要求是指对于具有估计性质的会计事项应当谨慎从事，应当合理预计可能发生的损失和费用，但不预计或少预计可能带来的收益，因此，可以低估收入、高估成本，可以设置秘密准备。（　　）

五、简答题

1. 什么是会计？
2. 会计是适应什么样的需要而产生和发展的？
3. 会计核算职能的特点是什么？
4. 会计监督职能的特点是什么？
5. 试述会计的一般对象。
6. 会计要素有哪些？各自的含义是什么？
7. 会计核算的主要方法有哪些？它们之间有什么联系？

六、业务题

1. 用线连接左右两方各个项目：

① 运输车辆　　　　　　　A. 流动资产
② 预付账款
③ 库存现金　　　　　　　B. 固定资产
④ 土地使用权
⑤ 原材料　　　　　　　　C. 所有者权益
⑥ 应付账款
⑦ 银行借款　　　　　　　D. 无形资产
⑧ 股本
⑨ 未分配利润　　　　　　E. 长期股权投资
⑩ 建筑物
⑪ 购买股票投资　　　　　F. 负债

2. 资料：某公司 3 月部分经济业务如下。

(1) 收到上月销货款 5 000 元。
(2) 销售产品 78 000 元，其中 54 000 元已收到现款，存入银行，其余货款尚未收到。
(3) 预收销货款 32 000 元。
(4) 计算第一季度借款利息共计 3 600 元，尚未支付。
(5) 支付本月水电费 2 400 元。
(6) 本月提供劳务收入 2 600 元，尚未收款。
(7) 预付下一季度房租 3 600 元。
(8) 年初已支付全年财产保险费 14 400 元，由各月平均负担。

(9) 上月预收货款的产品本月发出,实现收入 23 000 元。

(10) 预计下月发生大修理支出 8 000 元,本月应负担 2 000 元。

要求:

(1) 分别用权责发生制和收付实现制列表计算 3 月的收入、费用和利润。

(2) 比较两种会计基础下的利润总额,并予以简要的说明。

第二章 账户与复式记账

一、单项选择题

1. 经济业务发生仅涉及资产这一会计要素时，只引起该要素中某些项目发生（　　）。
   A. 同增变动　　B. 同减变动　　C. 一增一减变动　　D. 一增二减变动

2. 资产类账户的余额一般在（　　）。
   A. 借方　　B. 借方或贷方　　C. 贷方　　D. 借方和贷方

3. 会计科目与账户的关系是（　　）。
   A. 二者完全一样　　　　　　B. 会计科目是账户的名称
   C. 不相关　　　　　　　　　D. 二者都表示结构

4. 以下不应记在账户左方的有（　　）。
   A. 现金的增加　　　　　　　B. 银行存款的增加
   C. 资本增加　　　　　　　　D. 资本减少

5. 记账规则的表现载体是（　　）。
   A. 记账符号　　B. 会计分录　　C. 记账方法　　D. 会计科目

6. 负债类账户期末余额的计算公式与（　　）相同。
   A. 收入类账户　　　　　　　B. 资产类账户
   C. 所有者权益类账户　　　　D. 成本类账户

7. 采购员预借差旅费，所引起的会计要素变化是（　　）。
   A. 资产和负债同时增加
   B. 资产和负债同时减少
   C. 资产中一个项目减少，另一个项目增加
   D. 负债中一个项目减少，另一个项目增加

8. 上缴欠缴税金的业务，将使（　　）。
   A. 企业的资产总额增加
   B. "资产＝负债＋所有者权益"的会计恒等式受到破坏
   C. 企业的负债总额增加
   D. 企业的资产和负债同时减少

9. 假如某企业某类资产账户本期期初余额为 5 600 元，本期期末余额为 5 700 元，本期减少发生额为 800 元，则该企业本期增加发生额为（　　）元。
   A. 900　　B. 10 500　　C. 700　　D. 12 100

10. 购进材料未付款时，这笔未结算的款项作为一项（　　）加以确认。
    A. 资产　　B. 负债　　C. 费用　　D. 收入

11. 某企业 2019 年年末负债与所有者权益的比例为 1∶3，则负债是资产的（　　）。
    A. 40%　　B. 25%　　C. 75%　　D. 33%

12. 复式记账法对每项经济业务都以相等的金额在（　　）。
    A. 一个账户中进行登记　　　B. 两个账户中进行登记

C. 全部账户中进行登记　　　　　D. 两个或两个以上账户中进行登记

13. 存在对应关系的账户称为（　　）。
    A. 对应账户　　B. 平衡账户　　C. 总分类账户　　D. 联系账户

14. 在借贷记账法下，所有者权益账户的期末余额等于（　　）。
    A. 期初贷方余额＋本期贷方发生额－本期借方发生额
    B. 期初借方余额＋本期贷方发生额－本期借方发生额
    C. 期初借方余额＋本期借方发生额－本期贷方发生额
    D. 期初贷方余额＋本期借方发生额－本期借方发生额

15. 借贷记账法下发生额试算平衡的依据是（　　）。
    A. 会计等式　　　　　　　　　B. 资金变化业务类型
    C. 账户的结构　　　　　　　　D. 借贷记账规则

16. 在借贷记账法下，为保持账户之间的对应关系，一般不宜编制（　　）的会计分录。
    A. 一借一贷　　B. 多借一贷　　C. 一借多贷　　D. 多借多贷

17. 企业经营取得净利润将导致（　　）。
    A. 所有者权益的增加　　　　　B. 负债的增加
    C. 会计等式的不平衡　　　　　D. 资本的增加

18. 下列业务引起资产与负债同时减少的有（　　）。
    A. 收到股东追加投资　　　　　B. 偿付赊购欠款
    C. 宣告发放股利　　　　　　　D. 借入银行借款

19. 下列业务不影响资产的有（　　）。
    A. 赊购原材料　　　　　　　　B. 赊销库存商品
    C. 宣告分派现金股利　　　　　D. 借入银行借款

20. 借贷记账法的理论基础是（　　）。
    A. 会计要素　　B. 会计等式　　C. 会计假设　　D. 复式记账法

21. 借贷记账法下，借方记增加的账户有（　　）账户。
    A. "实收资本"　　　　　　　　B. "主营业务收入"
    C. "预付账款"　　　　　　　　D. "应付账款"

22. 复式记账法是指任何一笔经济业务都必须以相等的金额在两个或两个以上有关账户中（　　）地进行登记。
    A. 一个记增加，另一个记减少　　B. 两个都记增加
    C. 两个都记减少　　　　　　　　D. 相互联系

23. 试算平衡不能保证（　　）。
    A. 余额平衡　　B. 发生额平衡　　C. 记账正确　　D. 借贷必相等

二、多项选择题

1. 企业的非流动资产包括（　　）。
   A. 存货　　B. 长期股权投资　　C. 固定资产　　D. 无形资产

2. 资产按其流动性可以分为（　　）。
   A. 流动资产　　B. 非流动资产　　C. 无形资产　　D. 固定资产

3. 收入要素的特征是（　　）。

A. 表现为资产的增加或债务的减少
B. 所有的货币资产的流入都是收入
C. 并非所有的货币资产的流入都是收入
D. 会引起所有者权益的增加

4. 账户的基本结构一般包括（　　）。
A. 账户的名称　　B. 日期和摘要　　C. 增减金额　　D. 凭证号数

5. 企业实收资本增加的途径主要有（　　）。
A. 接受捐赠　　B. 投资人投入　　C. 盈余公积转增　　D. 资本公积转增

6. 下列项目中，能同时引起资产和权益发生增减变化的项目有（　　）。
A. 投资者投入资本　　　　　　B. 用资本公积转增资本
C. 用银行存款偿还应付账款　　D. 计提向投资者分配的利润

7. 企业计算某账户本期期末余额，要依据（　　）才能计算出来。
A. 本期增加发生额　　　　　　B. 本期资金总额
C. 本期期初余额　　　　　　　D. 本期减少发生额

8. 一项所有者权益增加的同时，引起的另一方面变化可能是（　　）。
A. 一项资产增加　　　　　　　B. 一项负债增加
C. 一项负债减少　　　　　　　D. 另一项所有者权益减少

9. 企业发生费用会引起（　　）。
A. 资产的减少　　B. 负债的增加　　C. 利润的增加　　D. 收入的减少

10. 下列经济业务使资产与负债项目同时减少的是（　　）。
A. 收到短期借款存入银行　　　B. 以银行存款偿还应付账款
C. 从银行提取备用金　　　　　D. 现金支付应付股利

11. 下列经济业务中，使资产项目之间此增彼减的有（　　）。
A. 从银行提取现金
B. 以银行存款支付购买原材料款
C. 以银行存款支付购买固定资产款
D. 以银行存款偿还前欠购货款

12. 设置会计账户应遵循的原则有（　　）。
A. 必须结合会计对象的特点
B. 要保持相对稳定性
C. 要符合企业内部经营管理的需要
D. 要做到统一性与灵活性相结合

13. 在借贷记账法下，属于资产类账户的有（　　）账户。
A. "银行存款"　　　　　　　B. "实收资本"
C. "交易性金融资产"　　　　D. "管理费用"

14. 在借贷记账法下，期末结账后，一般有余额的账户有（　　）。
A. 资产类账户　　B. 收入类账户　　C. 负债类账户　　D. 费用类账户

15. 借贷记账法下账户的借方登记（　　）。
A. 资产增加　　B. 费用减少　　C. 负债减少　　D. 所有者权益减少

16. ( ) 记在账户的借方。
   A. 资产类账户金额增加　　　　　　B. 资产类账户金额减少
   C. 负债类账户金额减少　　　　　　D. 收入类账户金额增加
17. 下列各项中，通过试算平衡无法发现的记账错误有（　　）。
   A. 某笔经济业务未入账
   B. 记录某项经济业务的借贷方向颠倒
   C. 借贷双方一方多记金额，一方少记金额
   D. 借贷双方同时少记金额
18. 在借贷记账法中，账户期末余额在借方的有（　　）。
   A. 资产类账户　　　　　　　　　　B. 收入类账户
   C. 所有者权益类账户　　　　　　　D. 成本类账户
19. 账户一般可以提供的金额指标有（　　）。
   A. 期初余额　　　　　　　　　　　B. 期末余额
   C. 本期增加发生额　　　　　　　　D. 本期减少发生额
20. 总分类账户和所属明细分类账户平行登记的要点是（　　）。
   A. 同方向　　　B. 同期间　　　C. 反方向　　　D. 同金额

三、名词解释
1. 会计科目　　　　　　　　2. 会计账户
3. 试算平衡　　　　　　　　4. 借贷记账法
5. 会计分录　　　　　　　　6. 简单会计分录
7. 复合会计分录

四、判断题
1. 经济业务的发生可能对会计恒等式的平衡关系产生影响。（　　）
2. 会计恒等式在任何一个时点上都是平衡的。（　　）
3. 会计恒等式所体现的平衡关系原理，是复式记账的理论依据。（　　）
4. 资产、负债与所有者权益的平衡关系是反映企业资金运动的静态状况，如考虑收入、费用等动态因素，则资产与权益总额的平衡关系必然被打破。（　　）
5. 由于企业的所有者权益在数量上等于企业的净资产，即资产与负债的差额，因而对于所有者权益的计量可以通过对相应资产或负债的计量间接进行。（　　）
6. 会计科目是会计账户设置的依据。（　　）
7. 只要是资产类账户，借方一律记增加，贷方一律记减少。（　　）
8. 如果试算表中借贷不平衡，说明记账或算账有错误；如果借贷平衡，则说明记账正确无误。（　　）
9. 任何流入企业的资金都可以定义为收入。（　　）
10. 账户是以会计科目命名的，所以会计科目是账户的名称。（　　）
11. 编制会计分录属于会计核算方法。（　　）
12. 会计核算中采用加速折旧法、计提坏账准备等方法是谨慎性要求的具体体现。（　　）
13. 收入和费用类账户期末一般无余额。（　　）
14. 资产是一种经济资源，具体表现为具有各种实物形态的资产。（　　）

15. "资产＝负债＋所有者权益"的平衡等式适用于所有企业的会计核算。　　（　）
16. 经济业务发生后若引起某个资产项目的金额增加，必定引起某个负债项目或所有者权益项目的金额增加。　　　　　　　　　　　　　　　　　　　　（　）
17. 任何一笔会计分录都必须同时具备记账符号、账户名称和应记金额3项要素。（　）
18. 在其他条件不变的情况下，本期发生的期间费用必定减少本期的利润。　（　）
19. 在所有的账户中，左方均登记增加额，右方均登记减少额。　　　　　（　）
20. 复式记账法由于是以相等的金额在相应账户中登记，所以便于检查账簿记录的正确性。　　　　　　　　　　　　　　　　　　　　　　　　　　　　　　（　）
21. 某一账户本期借方发生额合计和贷方发生额合计一定相等。　　　　　（　）
22. 所有账户期末借方余额合计一定等于贷方余额合计。　　　　　　　　（　）
23. 负债类账户或所有者权益类账户的增加金额记在账户的贷方。　　　　（　）
24. 通过试算平衡检查账簿记录后，若左右平衡就可肯定记账没有错误。　（　）
25. 在借贷记账法下，借贷作为记账符号已经失去了原来的含义，因此对于所有账户来说，借表示增加，贷表示减少。　　　　　　　　　　　　　　　　　　（　）
26. 借贷记账法下账户的基本结构是，左方为借方，登记资产、费用的增加，权益的减少和收入的结转。　　　　　　　　　　　　　　　　　　　　　　　　（　）

五、简答题

1. 什么是会计科目？为什么要设置会计科目？
2. 设置会计科目应遵循哪些原则？
3. 什么是账户？账户的基本结构如何？
4. 会计科目与账户的关系如何？
5. 账户中所记录的金额有哪几种？它们之间的关系如何？
6. 经济业务的发生对资产与权益（负债及所有者权益）的影响有哪几种类型？
7. 什么是复式记账法？什么是单式记账法？各有哪些主要特点？
8. 什么是借贷记账法？借贷记账法下账户结构、记账规则和试算平衡的特点是什么？
9. 简述会计分录及其种类。

六、业务题

1. 某企业2020年12月31日的资产、负债和所有者权益的状况，见表2-2-1。

表2-2-1　　　　　　　资产、负债和所有者权益状况

单位：元

资产	金额	负债和所有者权益	金额
库存现金	1 000	短期借款	10 000
银行存款	27 000	应付账款	32 000
应收账款	35 000	应交税费	9 000
原材料	52 000	长期借款	B
长期股权投资	A	实收资本	240 000
固定资产	200 000	资本公积	23 000
合计	375 000	合计	C

根据表 2-2-1 回答。
(1) 表中应填的数据为 A (　　), B (　　), C (　　)。
(2) 计算该企业的流动资产总额。
(3) 计算该企业的负债总额。
(4) 计算该企业的净资产总额。

2. 用直线连接,说明下列各项目的归属。
① 固定资产　　　　　　A. 期末余额在借方
② 原材料
③ 管理费用
④ 预收账款　　　　　　B. 期末余额在贷方
⑤ 制造费用
⑥ 财务费用
⑦ 主营业务收入　　　　C. 期末一般无余额
⑧ 实收资本

3. 星海公司 2020 年 7 月 31 日的资产负债表显示资产总计 375 000 元,负债总计 112 000 元,所有者权益总计 263 000 元,该公司 2020 年 8 月发生如下经济业务。
(1) 用银行存款购入全新机器一台,价值 30 000 元。
(2) 投资者投入原材料,价值 10 000 元。
(3) 以银行存款偿还所欠供应单位账款 5 000 元。
(4) 收到购货单位所欠账款 8 000 元,收存银行。
(5) 将一笔长期借款 50 000 元转化为对企业的投资。
(6) 按规定将 20 000 元资本公积转增资本。

要求:
(1) 根据 8 月发生的经济业务,分析说明引起会计要素变化的情况。
(2) 计算 8 月月末星海公司的资产总额、负债总额和所有者权益总额。

4. 星海公司 2020 年 8 月有关账户记录如下。

库存现金

期初余额	150		
(1)	500	(5)	350
(9)	100		
期末余额	400		

原材料

期初余额	98 000		
(2)	82 000	(4)	150 000
(7)	58 600		
期末余额	88 600		

固定资产

期初余额	370 000		
(3)	124 000		
期末余额	494 000		

银行存款

期初余额	89 600		
(6)	15 800	(1)	500
(8)	30 000	(5)	70 000
(9)	20 000	(7)	58 600
		(10)	20 000
期末余额	6 300		

应收账款

期初余额	45 800		
		(6)	15 800
		(9)	20 100
期末余额	9 900		

实收资本

		期初余额	483 000
		(3)	124 000
		期末余额	607 000

生产成本

期初余额	42 280		
(4)	150 000		
期末余额	192 280		

应付账款

		期初余额	35 800
(5)	70 350	(2)	82 000
		期末余额	47 450

短期借款

		期初余额	127 030
(10)	20 000	(8)	30 000
		期末余额	137 030

要求：根据上述账户记录，补编会计分录，并说明每笔经济业务的内容。

5. 深达公司 2020 年 10 月月初有关账户余额，见表 2-2-2。

表 2-2-2　　　　　　　深达公司 2020 年 10 月月初有关账户余额

单位：元

资产	金额	负债和所有者权益	金额
库存现金	1 500	短期借款	195 000
银行存款	45 000	应付账款	142 500
原材料	90 000	应交税费	9 000
应收账款	47 700	长期借款	186 000
库存商品	60 000	实收资本	304 200
生产成本	22 500	资本公积	140 000
长期股权投资	180 000	盈余公积	70 000
固定资产	600 000		
合计	1 046 700	合计	1 046 700

该公司本月发生下列经济业务。
(1) 购进机器设备一台，价值 10 000 元，以银行存款支付。
(2) 从银行提取现金 1 000 元。
(3) 购入原材料一批 20 000 元，以银行存款支付。
(4) 生产车间向仓库领用材料一批 40 000 元，投入生产。
(5) 以银行存款 22 500 元，偿还应付供货单位货款。
(6) 向银行取得长期借款 150 000 元，存入银行。
(7) 以银行存款上交上月所得税 9 000 元。
(8) 收到投资人投资 5 000 元，存入银行。
(9) 收到购货单位前欠货款 18 000 元，其中 16 000 元存入银行，其余部分收到现金。
(10) 以银行存款 48 000 元，归还银行短期借款 20 000 元和应付购货单位账款 28 000 元。
要求：
(1) 根据以上资料编制会计分录，并记入有关账户。
(2) 编制发生额及余额试算平衡表。

6. 某企业 2020 年 7 月 1 日资产项目合计为 800 000 元，负债项目合计为 210 000 元，所有者权益项目合计为 590 000 元。该企业 2020 年 7 月发生下列经济业务。
(1) 购入材料一批，已入库，金额 6 000 元，材料款尚未支付。
(2) 购入材料一批，已入库，金额 4 000 元，材料款以银行存款支付。
(3) 投资者追加投入设备一台，价值 70 000 元。
(4) 从银行借入流动资金 40 000 元，并存入银行。
(5) 收到购货单位归还所欠货款 20 000 元，并存入银行。
(6) 以现金 1 000 元支付采购员出差预借的差旅费。
(7) 以银行存款 30 000 元偿还短期借款。
(8) 以银行存款 30 000 元缴纳应交税费。
(9) 以银行存款 10 000 元偿付前欠购货款。
(10) 从银行提取现金 4 000 元。
(11) 将盈余公积 10 000 元用于转增资本。
要求：
(1) 根据上述业务编制相应的会计分录。
(2) 计算 7 月末资产、负债和所有者权益 3 类会计要素的总额，并列示出会计等式。

第二章
参考答案

第三章 主要经济业务核算

一、单项选择题

1. "固定资产"账户反映企业固定资产的（　　）。
   A. 磨损价值　　B. 累计折旧　　C. 原始价值　　D. 净值
2. 企业为维持正常生产经营所需资金而向银行等金融机构借入一年以内的款项称为（　　）。
   A. 长期借款　　B. 短期借款　　C. 长期负债　　D. 其他流动负债
3. 已经完成全部生产过程并已验收入库，可供对外销售的产品即为（　　）。
   A. 已销产品　　B. 生产成本　　C. 销售成本　　D. 库存商品
4. 下列属于其他业务收入的是（　　）。
   A. 利息收入　　　　　　　　B. 出售材料收入
   C. 投资收益　　　　　　　　D. 固定资产清理净收益
5. 下列业务中，能引起资产和负债同时增加的是（　　）。
   A. 用银行存款购买材料　　　B. 预收销货款存入银行
   C. 提取盈余公积　　　　　　D. 年终结转利润
6. 在账结法下，期间费用账户期末应（　　）。
   A. 有借方余额　　　　　　　B. 有贷方余额
   C. 没有余额　　　　　　　　D. 同时有借、贷方余额
7. 下列不属于营业外支出的项目是（　　）。
   A. 固定资产盘亏损失　　　　B. 非常损失
   C. 罚没支出　　　　　　　　D. 坏账损失
8. 下列不构成产品成本的是（　　）。
   A. 直接材料费　　B. 直接人工费　　C. 期间费用　　D. 制造费用
9. "本年利润"账户年末的贷方余额表示（　　）。
   A. 利润分配额　　B. 未分配利润　　C. 净利润　　D. 亏损额
10. 年末结转后，"利润分配"账户的贷方余额表示（　　）。
    A. 实现的利润总额　　　　　B. 净利润
    C. 利润分配总额　　　　　　D. 未分配利润
11. "固定资产"账户的借方余额减去"累计折旧"账户的贷方余额的差额表示（　　）。
    A. 固定资产的耗损价值　　　　　B. 固定资产的原始价值
    C. 固定资产的折余价值即净值　　D. 固定资产的重置完全价值
12. 下列所有者权益账户中，反映所有者原始投资的账户是（　　）账户。
    A. "实收资本"　B. "盈余公积"　C. "本年利润"　D. "利润分配"
13. 我国企业对于本期收入和费用的确认采用（　　）。
    A. 实地盘存制　B. 永续盘存制　C. 实收实付制　D. 权责发生制
14. 发放职工生活困难补助应通过（　　）账户进行核算。

A. "应付职工薪酬"　　　　　　B. "管理费用"
C. "制造费用"　　　　　　　　D. "营业外支出"

15. 本月通过银行收到销货款 62 000 元，其中属于上月应收 12 000 元，本月应收 40 000 元，预收下月 10 000 元。在收付实现制下，本月收入应为（　　）元。
A. 50 000　　　B. 40 000　　　C. 62 000　　　D. 52 000

16. 不影响本期营业利润的项目是（　　）。
A. 主营业务成本　　　　　　B. 管理费用
C. 主营业务收入　　　　　　D. 所得税费用

17. "生产成本"账户的借方余额反映（　　）。
A. 已分配的制造费用　　　　B. 期末在产品成本
C. 已完工产品成本　　　　　D. 发生的直接费用

18. 下列经济业务中，属于资金筹集业务的是（　　）。
A. 采购商品，货款未付　　　B. 计提本月借款利息
C. 公司发行债券，收到款项　　D. 销售产品收到货款

二、多项选择题

1. 制造业企业的经济业务包括（　　）。
A. 资金筹集业务　　　　　　B. 资产购置业务
C. 产品生产业务　　　　　　D. 产品销售业务

2. 属于"应付职工薪酬"账户核算内容的有（　　）。
A. 工资　　　B. 福利费　　　C. 职工教育经费　　　D. 社会保险

3. 下列经济业务引起资产和所有者权益同时增加的有（　　）。
A. 收到国家投资存入银行　　B. 提取盈余公积
C. 收到外商投入设备一台　　D. 将资本公积转增资本

4. 收入确认的基本步骤包括（　　）。
A. 识别合同　　　　　　　　B. 识别单项履约义务
C. 确定交易价格　　　　　　D. 分摊交易价格

5. "税金及附加"账户借方登记的内容有（　　）。
A. 增值税　　　　　　　　　B. 消费税
C. 城市维护建设税　　　　　D. 营业税

6. 下列项目应在"管理费用"账户中列支的有（　　）。
A. 工会经费　　　　　　　　B. 开办费
C. 采购人员差旅费　　　　　D. 车间管理人员工资

7. 企业的资本金按其投资主体不同可以分为（　　）。
A. 国家投资　　B. 法人投资　　C. 个人投资　　D. 外商投资

8. 为了具体核算企业利润及未分配利润情况，"利润分配"账户应设置的明细账户有（　　）账户。
A. "未分配利润"　　　　　　B. "提取任意盈余公积"
C. "应付现金股利"　　　　　D. "提取法定盈余公积"

9. 按权责发生制的要求，下列应作为本期费用的是（　　）。

A. 预付明年保险费　　　　　　B. 支付本月借款利息
C. 尚未付款的借款利息　　　　D. 采购员报销差旅费

10. 在账结法下，月末一般应该没有余额的是（　　）账户。
A. "生产成本"　B. "制造费用"　C. "管理费用"　D. "财务费用"

11. 在材料采购业务核算时，与"材料采购"账户的借方相对应的贷方账户一般有（　　）账户。
A. "应付账款"　B. "应付票据"　C. "银行存款"　D. "应交税费"

12. 能与"主营业务收入"账户发生对应关系的是（　　）账户。
A. "库存现金"　B. "银行存款"　C. "应收账款"　D. "本年利润"

13. 下列费用中，属于生产过程发生的费用有（　　）。
A. 车间机器设备折旧费　　　　B. 材料采购费用
C. 生产工人工资　　　　　　　D. 构成产品实体的材料消耗

14. 下列各项中，符合收入特征的有（　　）。
A. 收入从日常活动中产生　　　B. 收入可能会导致资产的增加
C. 收入可能会导致负债的减少　D. 收入包括代收的增值税

三、判断题

1. 企业的净利润是在营业利润的基础上加营业外收支净额计算而来的。（　　）
2. 企业在其生产经营中所取得的收入和利得、所发生的费用和损失，不可直接增减投入资本。（　　）
3. 固定资产因损耗而减少的价值应记入"固定资产"账户的贷方。（　　）
4. 接受投资者投入实物，能同时引起资产和所有者权益发生变化。（　　）
5. 如果当期生产的产品全部销售，结转已销产品的成本时，可借记"主营业务成本"账户，贷记"生产成本"账户。（　　）
6. 各种材料的市内运费均不应该计入材料的采购成本。（　　）
7. 对于固定资产因出售、报废等原因引起的价值减少，在注销固定资产的原值时，贷记"固定资产"账户。（　　）
8. 直接工资是指直接参与产品生产的工人和管理人员的工资。（　　）
9. 固定资产原始价值减去已计提折旧等于其折余价值。（　　）
10. "生产成本"明细账应按照成本项目设置专栏。（　　）
11. 企业只有在产品的所有权已由卖方转移到买方，同时收取价款时才能确认收入的实现。（　　）
12. 预收账款构成企业的一项流动负债。（　　）
13. 财务费用将随企业存款利息收入的增加而减少。（　　）
14. 企业收到供应单位提供的材料，冲销已预付的货款时，表明企业债权的减少。（　　）
15. 直接人工是指从事产品生产人员的工资、福利费等薪酬。（　　）
16. 生产费用就是制造费用。（　　）
17. "制造费用"账户月末一般没有余额，因而，制造费用也属于期间费用的一种。（　　）

18. "生产成本"账户的本期贷方发生额就是本期完工产品的总成本。（　）
19. 按权责发生制的要求，收到货币资金就一定是企业当期的营业收入增加。（　）
20. 管理费用的发生额直接关系到当月产品成本的高低和利润总额的大小。（　）
21. 固定资产购入后需要安装，其安装成本属于在建工程，应计入固定资产的原始价值。（　）
22. 收到货币资金并非都是营业收入，但支出货币资金都属于营业成本和费用。（　）
23. 企业收到投资者的投资应按照实际投资数额全部记入"实收资本"或"股本"账户。（　）

四、简答题

1. "材料采购"账户的用途是什么？它的结构如何？借方登记什么？贷方登记什么？期末有无余额？如有余额，在哪一方？表示什么？
2. "生产成本"账户的结构特点是什么？与其借贷方发生对应关系的账户主要有哪几个？
3. 为什么要设立"长期待摊费用"账户？
4. 如何计算企业的营业利润、利润总额、净利润？
5. 简述"本年利润"和"利润分配"账户的关系。

五、业务题

1. 某机械制造厂材料日常核算采用实际成本法。在材料采购核算中设置了"应付账款"和"预付账款"两个账户，2020年8月"应付账款"和"预付账款"账户的期初余额如下："应付账款"账户贷方余额125 000元，其中"应付账款——A工厂"账户为78 000元，"应付账款——B工厂"账户为47 000元；"预付账款"账户借方余额65 000元，其中"预付账款——C工厂"账户为35 000元，"预付账款——D工厂"账户为30 000元。

该企业8月发生下列业务。

（1）用银行存款50 000元归还所欠A工厂的货款。

（2）收到C工厂发来的材料46 400元，其中材料价款为40 000元，增值税税额为5 200元，代垫外地运费为1 200元，材料验收入库，款项上个月已经预付35 000元，差额部分暂未支付。

（3）从B工厂购买材料价款为10 000元，增值税进项税额为1 300元，款项未付，材料尚未入库。

（4）通过银行补付所欠C工厂的差额款。

要求：编制本月业务的会计分录，开设并登记"应付账款""预付账款"总分类账户和明细分类账户。

2. 如果上述企业不设置"预付账款"账户，发生的预付款项业务在"应付账款"账户中核算，其他资料不变。

要求：根据业务编制会计分录，开设并登记"应付账款"账户并结账。

3. 某工厂2020年7月发生有关销售经济业务如下。

（1）向甲工厂出售A产品500件，每件售价60元，增值税税率为13%。货款已收到，存入银行。

（2）向乙公司出售B产品300件，每件售价150元，增值税税率为13%。货款尚未收到。

(3) 按出售的两种产品的实际成本（A产品每件45元，B产品每件115元）结转产品成本。

(4) 以银行存款支付 A、B 两种产品在销售过程中的运费800元、包装费200元。

(5) 结算本月销售机构职工工资10 000元、福利费1 400元。

(6) 向丙工厂出售甲材料100千克，每千克售价12元。款项已收到，存入银行（假设不考虑增值税）。

(7) 按实际成本（每千克10元）结转已出售的甲材料成本。

要求：

(1) 根据上列各项经济业务编制会计分录。

(2) 计算营业收入和营业成本。

4. 资料：好雨公司生产 A、B 两种产品，2020年12月有关这两种产品的资料如下。

(1) 月初在产品成本见表2-3-1。

表2-3-1　　　　　　　　　　　月初在产品成本

名称	数量/千克	直接材料/元	直接人工/元	制造费用/元	合计/元
A产品	400	14 836	6 180	4 944	25 960
B产品	150	9 510	3 220	2 576	15 306
合计		24 346	9 400	7 520	41 266

(2) 本月发生的生产费用见表2-3-2。

表2-3-2　　　　　　　　　　　本月发生的生产费用

单位：元

名称	直接材料	直接人工	制造费用	合计
A产品	88 500	28 000		
B产品	40 200	7 500		
合计	128 700	35 500	30 530	194 730

(3) 月末 A 产品完工2 500千克，B 产品完工800千克，两种完工产品均已验收入库。

(4) 月末尚有500千克未完工的 A 产品，其单位在产品计价标准见表2-3-3。

表2-3-3　　　　　　　　　　　在产品计价标准

名称	数量/千克	直接材料/元	直接人工/元	制造费用/元	合计/元
A产品	500	36	13	10.50	59.50

要求：

(1) 按直接人工费用比例分配并结转本月制造费用。

(2) 计算并结转完工 A、B 产品的生产成本。

5. 某企业1~12月累计实现利润总额425 000元，1~11月累计应交所得税税额为101 750元，所得税税率为25%，则该企业12月应交所得税和全年净利润额各是多少？

6. 某企业年初所有者权益总额为100万元（其中，年初未分配利润为0），本年接受投资 10 万元，本年实现利润总额 25 万元，所得税税率为 25％，按 10％计提法定盈余公积，决定向投资者分配利润 6 万元，则年末的未分配利润和所有者权益各是多少？

7. 某企业本月发生了下列经济业务。

（1）购入一台不需要安装的新设备，发票价格为 30 000 元，增值税为 3 900 元，发生运费为 600 元，上述款项全部以银行存款付讫。

（2）购入一台需要安装的新设备，发票价格 80 000 元，增值税 10 400 元，运费 2 000 元，款项均以银行存款支付。在安装过程中共发生安装费 6 000 元，其中耗用材料 4 000 元，耗用人工 2 000 元。

（3）上述设备安装完毕，经验收合格交付使用。

要求：

（1）根据上述资料编制会计分录。

（2）开设"固定资产"和"在建工程"两个账户，并根据有关会计分录进行登记。

8. 大宝公司按实际成本法核算原材料，7 月发生下列采购业务。

（1）购入甲材料 6 000 千克，单价 8 元，增值税税率为 13％，价税款未付，材料尚未验收入库。

（2）用银行存款 2 722 元支付上述甲材料外地运费。

（3）购入乙材料 7 200 千克，单价 10 元，增值税税率为 13％，价税款均通过银行付清，材料尚未验收入库。

（4）购进丙材料 2 800 千克，含税单价 9.04 元。丁材料 10 000 千克，含税单价 5.65 元，增值税税率为 13％，款项均已通过银行付清，材料尚未验收入库。

（5）供应单位代垫乙、丙、丁材料外地运费共 3 300 元，尚未支付（共同性运费按采购重量分配）。

（6）用银行存款 10 000 元预付订购材料款。

（7）以前月份已预付款 100 000 元的 A 材料本月到货，并验收入库，价税款合计 113 000元，增值税税率为 13％，用银行存款补付货款。

（8）本月购入的甲、乙、丙、丁材料均已验收入库，结转其成本。

要求：编制本月业务的会计分录。

9. 大宝公司 7 月发生下列产品生产业务。

（1）将 58 000 元转入职工工资银行卡。

（2）用银行存款 6 000 元支付第三季度生产车间房租，并摊销本月应负担的生产车间房租。

（3）仓库发出材料，用途如下：

A 产品生产耗用	120 000 元
B 产品生产耗用	180 000 元
管理部门固定资产维修耗用	4 200 元
企业管理部门办公设备维修耗用	1 500 元

（4）开出现金支票 7 500 元购买企业管理部门办公用品。

（5）用银行存款支付本月负担的企业财产保险费 4 000 元。

（6）计提应由本月负担的短期借款利息 8 600 元。

(7) 计提本月固定资产折旧，其中车间固定资产应提折旧额 11 000 元，行政管理部门固定资产应提折旧额 6 500 元。

(8) 月末分配工资费用，其中：

  A 产品生产工人工资   34 000 元

  B 产品生产工人工资   66 000 元

  车间管理人员工资   1 600 元

  行政管理部门管理人员工资   8 000 元

(9) 将本月发生的制造费用转入"生产成本"账户（按生产工人工资分配）。

(10) 本月生产的 A 产品、B 产品各 100 台全部完工，验收入库，结转成本（假设没有期初在产品）。

要求：编制本月业务的会计分录。

10. 大宝公司 7 月发生下列销售业务。

(1) 销售 A 产品 80 台，单价 4 000 元，增值税税率为 13%，价税款暂未收到。

(2) 预收 B 产品货款 200 000 元，款项收到存入银行。

(3) 用银行存款 1 500 元支付销售产品的广告费。

(4) 发出 B 产品 90 件，单价 2 500 元，增值税税率为 13%，尾款收到一张商业承兑汇票。

(5) 结转本月已销 A 产品、B 产品的成本，单位成本分别为 1 633.16 元、640.84 元。

(6) 经计算本月销售产品的销售税金为 1 600 元。

要求：编制本月业务的会计分录。

11. 大宝公司 8 月发生的部分经济业务如下。

(1) 从银行取得临时借款 600 000 元存入银行。

(2) 接受投资人投入的一处房产，双方确认价 800 000 元投入使用。

(3) 用银行存款 8 500 元上交上个月增值税。

(4) 收回某单位所欠本企业货款 70 000 元存入银行。

(5) 用银行存款 10 000 元预付本月在内的 5 个月的房租（假设租入后供管理部门使用）。

(6) 企业销售 A 产品总价款 282 500 元（含税），增值税税率为 13%，已收款。

(7) 供应单位发来甲材料 38 000 元，增值税税率为 13%，款已预付。

(8) 生产 A 产品领用甲材料 3 600 元，乙材料 2 400 元。

(9) 车间一般性消耗材料 1 200 元。

(10) 发生管理部门设备修理费 800 元，用现金支付。

(11) 用银行存款 300 000 元发放工资。

(12) 车间领用甲材料 5 000 元用于 B 产品的生产。

(13) 用银行存款 10 000 元支付销售 A 产品广告费。

(14) 企业销售 B 产品价款 50 000 元，暂未收到（假设不考虑增值税）。

(15) 按 5% 税率计算 B 产品应缴纳的消费税。

(16) 企业购买一台车床，买价 24 000 元，运费 1 000 元，款项暂未支付，设备交付使用（假设不考虑增值税）。

(17) 开出现金支票购买车间办公用品 800 元并直接领用。

(18) 计提本月折旧，其中车间固定资产应提折旧额 20 000 元，企业管理部门固定资产应提折旧额 3 200 元。

(19) 计提应由本月负担的短期银行借款利息 980 元。

(20) 用银行存款 34 000 元支付上年分配给投资人的利润。

(21) 分配工资费用,其中 A 产品工人工资 12 000 元,B 产品工人工资 100 000 元,车间管理人员工资 8 000 元。

(22) 经批准将资本公积 60 000 元转增资本。

(23) 本月发生制造费用 30 000 元,按生产工时(A 产品 6 000 小时,B 产品 4 000 小时)分配计入 A、B 产品成本。

(24) 本月生产的 A 产品 15 台现已完工,总成本 38 500 元,验收入库,结转成本。

(25) 用银行存款 5 400 元支付罚款支出。

(26) 用银行存款 4 200 元支付管理费用支出。

(27) 结转已销 A 产品成本 18 500 元。

(28) 将本月实现的损益全部转入"本年利润"账户。

(29) 计算本月实现利润总额,按 25% 的税率计算所得税费用并予以结转。

(30) 按税后利润的 10% 提取法定盈余公积。

(31) 将剩余利润的 40% 分配给投资人。

要求:编制本月业务的会计分录。

12. 诚信公司 2020 年 8 月发生下列业务。

(1) 1 日国家投入资本 200 000 元,存入银行。

(2) 2 日购入材料,货款 15 000 元,增值税 1 950 元,运费 90 元,全部款项以银行存款支付,材料尚未到达(材料日常核算采用实际成本法)。

(3) 3 日售出甲产品 100 件,每件售价 1 000 元,增值税税率为 13%,全部款项当即收到,存入银行。

(4) 5 日将 2 日购入的材料验收入库,按其实际采购成本入账。

(5) 5 日以银行存款解缴上月欠缴的增值税 7 000 元。

(6) 6 日仓库发出 A、B 材料分别为 6 600 元、14 000 元,投入甲产品生产。

(7) 7 日收到大华工厂还来前欠货款 14 000 元,存入银行。

(8) 8 日以银行存款支付前欠振华工厂货款 13 000 元。

(9) 10 日国家投入一台新机器,确认价值 10 000 元,作为对诚信公司的投资。(不考虑增值税)

(10) 12 日向达华公司出售甲产品 200 件,每件售价 1 000 元,增值税税率 13%,全部款项尚未收到。

(11) 14 日向银行借入短期借款 12 000 元,存入银行。

(12) 15 日以银行存款 80 000 元,支付本月职工工资。

(13) 15 日以银行存款预缴本月所得税 15 000 元。

(14) 16 日以现金支付行政管理部门零星办公用品费 936 元。

(15) 21 日以银行存款支付销售甲产品的广告费 18 000 元。

(16) 31 日计提应负担的短期借款利息 4 000 元。

(17) 31 日计提本月固定资产折旧 40 000 元,其中:生产车间计提固定资产折旧

26 000元，行政管理部门计提固定资产折旧 14 000 元。

（18）31 日结转本月职工工资 80 000 元，其中：生产工人的工资 50 000 元，车间管理人员的工资 10 000 元，行政管理人员的工资 20 000 元。

（19）31 日将本月发生的制造费用 36 000 元计入产品生产成本。

（20）31 日甲产品 500 件本月完工，每件单位生产成本 600 元。

（21）31 日结转本月已销甲产品的生产成本，每件单位生产成本 600 元。

（22）31 日将损益类账户余额结转"本年利润"账户。

（23）31 日计算所得税费用并结转（所得税税率 25%）。

（24）31 日按税后利润 10% 提取法定盈余公积。

要求：根据以上业务编制会计分录。

13. 某企业 2020 年 12 月末有关账户本期发生额，见表 2-3-4。

表 2-3-4 有关账户本期发生额

单位：元

会计科目	借方发生额	贷方发生额
管理费用	13 438	（ ）
财务费用	10 300	（ ）
销售费用	30 000	（ ）
主营业务收入	（ ）	162 000
主营业务成本	72 672	（ ）
税金及附加	5 600	（ ）
所得税费用	（ ）	（ ）
本年利润	（ ）	（ ）
利润分配——提取法定盈余公积	（ ）	（ ）
利润分配——未分配利润	（ ）	（ ）

要求：

（1）根据表 2-3-4 所列资料，编制以下业务的会计分录。

① 将损益类账户余额结转至"本年利润"账户。

② 按所得税税率 25% 计算所得税费用，并结转至"本年利润"账户，计算净利润。

③ 将"本年利润"账户余额转入"利润分配——未分配利润"账户。

④ 按税后利润的 10% 计提法定盈余公积。

⑤ 将"利润分配——提取法定盈余公积"账户余额转入"利润分配——未分配利润"账户。

（2）根据上述资料，将有关数据填入表 2-3-4 中的各括号内。

第四章 账户的分类

一、单项选择题

1. 下列不属于盘存类账户的是（　　）账户。
   A. "固定资产"　　B. "原材料"　　C. "应收账款"　　D. "库存商品"
2. 下列不属于抵减账户的是（　　）账户。
   A. "存货跌价准备"　　　　　　B. "坏账准备"
   C. "累计折旧"　　　　　　　　D. "管理费用"
3. "税金及附加"账户按经济内容分类属于（　　）。
   A. 负债类账户　　B. 收入类账户　　C. 成本类账户　　D. 费用类账户
4. 下列账户中属于抵减附加账户的是（　　）账户。
   A. "坏账准备"　　　　　　　　B. "材料成本差异"
   C. "利润分配"　　　　　　　　D. "累计折旧"
5. "材料成本差异"账户用来抵减附加（　　）账户。
   A. "原材料"　　　　　　　　　B. "材料采购"
   C. "生产成本"　　　　　　　　D. "制造费用"
6. 按用途结构分类，不属于费用类账户的有（　　）账户。
   A. "管理费用"　　B. "财务费用"　　C. "制造费用"　　D. "销售费用"
7. 结算类账户的期末余额（　　）。
   A. 在借方　　　　　　　　　　B. 在贷方
   C. 可能在借方，也可能在贷方　　D. 以上都不对
8. 不是按用途和结构分类的账户是（　　）。
   A. 成本计算账户　　B. 资产类账户　　C. 盘存类账户　　D. 资本类账户
9. "累计折旧"账户按其经济内容分类属于（　　）。
   A. 费用类账户　　B. 抵减账户　　C. 负债类账户　　D. 资产类账户
10. 债权债务结算账户的贷方登记（　　）。
    A. 债权的增加　　　　　　　　B. 债务的增加，债权的减少
    C. 债务的增加　　　　　　　　D. 债务的减少，债权的增加
11. 属于所有者权益账户的是（　　）账户。
    A. "实收资本"　　B. "制造费用"　　C. "生产成本"　　D. "管理费用"
12. "材料采购"账户按其用途和结构分类，在材料按计划成本核算的条件下（　　）。
    A. 仅是成本计算账户　　　　　　B. 仅是计价对比账户
    C. 仅是费用账户　　　　　　　　D. 既是成本计算账户，又是计价对比账户
13. 下列账户属于"跨期摊配"账户的是（　　）账户。
    A. "营业费用"　　B. "制造费用"　　C. "管理费用"　　D. "长期待摊费用"
14. "制造费用"账户属于（　　）。
    A. 盘存类账户　　　　　　　　B. 负债类账户

C. 集合分配账户　　　　　　　　D. 调整类账户
15. 下列账户不属于调整账户的是（　　）账户。
A. "坏账准备"　　B. "累计折旧"　　C. "利润分配"　　D. "应付账款"
16. 下列属于成本类账户的是（　　）账户。
A. "管理费用"　　B. "制造费用"　　C. "销售费用"　　D. "主营业务成本"

二、多项选择题

1. 按不同标准分类，"材料采购"账户可能属于（　　）。
A. 资产类账户　　　　　　　　　B. 盘存账户
C. 计价对比账户　　　　　　　　D. 成本计算账户
2. 下列可能属于盘存类账户的有（　　）账户。
A. "材料采购"　　　　　　　　B. "无形资产"
C. "银行存款"　　　　　　　　D. "固定资产"
3. 下列账户期末可能有余额在借方的是（　　）。
A. 债权结算账户　　　　　　　　B. 投资权益账户
C. 盘存账户　　　　　　　　　　D. 成本计算账户
4. 下列属于所有者权益类账户的是（　　）账户。
A. "本年利润"　　B. "实收资本"　　C. "利润分配"　　D. "资本公积"
5. 反映流动资产的账户有（　　）账户。
A. "应收账款"　　　　　　　　B. "库存商品"
C. "长期待摊费用"　　　　　　D. "原材料"
6. 属于债权结算账户有（　　）账户。
A. "预付账款"　　B. "应付账款"　　C. "应收账款"　　D. "应收票据"
7. 属于费用类账户的有（　　）账户。
A. "制造费用"　　B. "财务费用"　　C. "管理费用"　　D. "长期待摊费用"
8. 盘存账户中通过设置和运用明细账可以提供数量和金额两种指标的有（　　）账户。
A. "银行存款"　　B. "库存现金"　　C. "原材料"　　D. "库存商品"
9. 属于结算账户的是（　　）账户。
A. "应收账款"　　B. "预付账款"　　C. "短期借款"　　D. "预收账款"
10. 属于调整账户的是（　　）账户。
A. "固定资产"　　B. "累计折旧"　　C. "坏账准备"　　D. "材料成本差异"
11. 属于损益类账户的是（　　）账户。
A. "管理费用"　　　　　　　　B. "制造费用"
C. "所得税费用"　　　　　　　D. "营业外收入"
12. 属于所有者权益类账户的有（　　）账户。
A. "资本公积"　　　　　　　　B. "未分配利润"
C. "无形资产"　　　　　　　　D. "盈余公积"
13. 属于资产类账户的有（　　）账户。
A. "累计折旧"　　　　　　　　B. "预付账款"

C. "长期待摊费用" D. "待处理财产损溢"
14. 对于费用类账户来讲，（   ）。
A. 其增加额记入账户的借方 B. 其减少额记入账户的贷方
C. 期末一般没有余额 D. 如有期末余额，必为借方余额

三、名词解释

1. 盘存账户
2. 结算账户
3. 债权结算账户
4. 债务结算账户
5. 债权债务结算账户
6. 跨期摊配账户
7. 备抵账户
8. 附加账户
9. 备抵附加账户

四、判断题

1. "材料采购"账户既可以归入资产类账户，也可以归入成本计算类账户。（   ）
2. 债权债务结算账户的贷方余额表示尚未偿付的债务。（   ）
3. 按经济内容对账户进行分类时，"本年利润"账户属于损益类账户。（   ）
4. 备抵附加账户属于双重性质的账户。（   ）
5. 调整账户与被调整账户的用途和结构是相同的，但反映的经济内容不同。（   ）
6. 调整账户与被调整账户的余额方向一定相同。（   ）
7. 调整账户与被调整账户的余额方向一定相反。（   ）
8. 双重性质账户的期末余额一般都在账户的贷方。（   ）
9. "累计折旧"账户属于费用类账户。（   ）
10. "材料成本差异"账户属于费用类账户。（   ）
11. "待处理财产损溢"账户属于所有者权益类账户。（   ）
12. "在建工程"账户属于费用类账户。（   ）
13. "应付职工薪酬"账户属于负债类账户。（   ）
14. "利润分配"账户余额的方向总是同"本年利润"账户余额的方向相反。（   ）
15. "累计折旧"账户余额的方向一般同"固定资产"账户余额的方向相反。（   ）
16. "材料成本差异"账户余额总是同"原材料"账户余额的方向相反。（   ）
17. 集合分配账户期末一般没有余额。（   ）
18. 备抵账户的余额一定要与被调整账户的余额方向一致。（   ）
19. 在借贷记账法下，可以设置双重性质的账户。（   ）

五、简答题

1. 什么是账户的经济内容？账户按经济内容分为哪几类？每类举一个账户为例。
2. 什么是账户的用途和结构？账户按用途和结构分为哪几类？每类举一个账户为例。
3. 试比较债权结算账户、债务结算账户及债权债务结算账户的结构特点。
4. 简述跨期摊配账户结构的特点。
5. 举例说明，为什么在会计核算中要设置抵减账户。

六、业务题

1. 将下列账户的归属类别用线连接：
① 累计折旧 A. 结算账户

② 长期待摊费用　　　　　　B. 所有者权益账户
③ 主营业务收入　　　　　　C. 收入账户
④ 实收资本　　　　　　　　D. 跨期摊配账户
⑤ 应收账款　　　　　　　　E. 调整账户

2. 企业"固定资产"账户的期末余额为 128 000 元，"累计折旧"账户的期末余额为 35 000 元。

要求：

(1) 计算固定资产净值。

(2) 说明"固定资产"账户与"累计折旧"账户之间的关系。

3. 企业原材料按照计划成本进行核算，"原材料"账户期末余额为 72 500 元，如果：

(1) "材料成本差异"账户为借方余额 1 500 元。

(2) "材料成本差异"账户为贷方余额 1 000 元。

要求：分别上述两种情况计算该企业期末原材料的实际成本，并说明上述两个账户之间的关系。

4. 将下列账户先按经济内容分类，再按用途和结构分类。

固定资产	其他应付款	利润分配
累计折旧	材料成本差异	预收账款
原材料	应交税费	应付账款
银行存款	生产成本	制造费用
长期待摊费用	实收资本	财务费用
应收账款	管理费用	主营业务收入
应收票据	材料采购	本年利润
短期借款	营业外收入	所得税费用

第四章 参考答案

第五章 会计凭证

一、单项选择题

1. 领料单汇总表属于（　　）。
   A. 一次凭证　　　B. 累计凭证　　　C. 单式凭证　　　D. 汇总原始凭证

2. 下列属于外来原始凭证的是（　　）。
   A. 入库单　　　　　　　　　　B. 发料汇总表
   C. 银行收账通知单　　　　　　D. 出库单

3. 原始凭证的基本内容中，不包括（　　）。
   A. 日期及编号　　　　　　　　B. 内容及摘要
   C. 实物数量及金额　　　　　　D. 会计账户

4. 下列业务应编制转账凭证的是（　　）。
   A. 支付购买材料价款　　　　　B. 支付材料运费
   C. 收回出售材料款　　　　　　D. 车间领用材料

5. 下列账户可能是收款凭证贷方账户的是（　　）账户。
   A. "制造费用"　B. "管理费用"　C. "应收账款"　D. "坏账准备"

6. 将会计凭证分为原始凭证与记账凭证的依据是（　　）。
   A. 填制时间　　　　　　　　　B. 取得来源
   C. 填制的程序和用途　　　　　D. 反映的经济内容

7. 原始凭证是（　　）。
   A. 登记日记账的依据　　　　　B. 编制记账凭证的依据
   C. 编制科目汇总表的依据　　　D. 编制汇总记账凭证的依据

8. 制造费用分配表是（　　）。
   A. 外来原始凭证　B. 通用记账凭证　C. 累计凭证　D. 记账编制凭证

9. 根据账簿记录和经济业务的需要而编制的自制原始凭证是（　　）。
   A. 转账凭证　　B. 累计凭证　　C. 限额领料单　　D. 记账编制凭证

10. 限额领料单是一种（　　）。
    A. 一次凭证　　B. 累计凭证　　C. 汇总凭证　　D. 单式凭证

11. 某企业销售产品一批，部分货款收存银行，部分货款对方暂欠，该企业应填制（　　）。
    A. 收款凭证和付款凭证　　　　B. 收款凭证和转账凭证
    C. 付款凭证和转账凭证　　　　D. 两张转账凭证

12. 下列单据中，不能作为记账用的原始凭证的是（　　）。
    A. 材料请购单　B. 收料单　　C. 限额领料单　　D. 退料单

13. 严格地讲，填制记账凭证的依据是（　　）。
    A. 真实的原始凭证　　　　　　B. 自制原始凭证
    C. 外来的原始凭证　　　　　　D. 审核无误的原始凭证

14. 从银行提取现金1 000元备用,出纳人员应填制( )。
   A. 付款凭证　　　B. 收款凭证　　　C. 转账凭证　　　D. 原始凭证

15. 会计分录应先填写在( )上。
   A. 原始凭证　　　B. 记账凭证　　　C. 总账　　　　　D. 明细账

16. 根据把现金存入银行或从银行提现的经济业务编制凭证时,( )。
   A. 同时编制收款凭证和付款凭证
   B. 只编制收款凭证,不编制付款凭证
   C. 只编制付款凭证,不编制收款凭证
   D. 编制一张转账凭证

17. 原始凭证分为自制原始凭证和外来原始凭证,其分类依据是( )。
   A. 反映业务的方法　　　　　　B. 填制程序和用途
   C. 填制方法　　　　　　　　　D. 取得的来源

18. 下列属于自制原始凭证的是( )。
   A. 购货发票　　B. 银行收账通知　　C. 销售发货票　　D. 税务缴款书

19. 下列属于外来原始凭证的是( )。
   A. 收料单　　　B. 工资计算表　　　C. 入库单　　　　D. 购货时取得的发票

20. ( )是记录经济业务,明确经济责任,按一定格式编制的据以登记账簿的书面证明。
   A. 会计凭证　　B. 记账凭证　　　　C. 原始凭证　　　D. 自制凭证

21. 制造业企业中的限额领料单从分类上看,属于( )。
   A. 一次凭证　　B. 累计凭证　　　　C. 转账凭证　　　D. 汇总原始凭证

22. 发出材料汇总表是一种( )。
   A. 汇总原始凭证　B. 外来原始凭证　C. 记账凭证　　　D. 付款凭证

23. 将记账凭证分为单式记账凭证和复式记账凭证的依据是( )。
   A. 经济业务内容　B. 填制单位　　　C. 填制方式　　　D. 用途

24. 付款凭证中的贷方账户( )。
   A. 一定是"银行存款"账户
   B. 一定是"库存现金"账户
   C. 一定是"库存现金"或"银行存款"账户
   D. 无法确定

25. 下列关于科目汇总表的说法正确的是( )。
   A. 科目汇总表不能反映科目的对应关系
   B. 需要编制简单会计分录
   C. 增加了登记总账的工作量
   D. 不能进行试算平衡

二、多项选择题

1. 下列属于一次凭证的有( )。
   A. 限额领料单　　B. 领料单　　　　C. 销货发票　　　D. 购货发票

2. 记账凭证编制的依据可以是( )。

A. 收、付款凭证　　B. 一次凭证　　　C. 累计凭证　　　D. 汇总原始凭证

3. 原始凭证审核时应注意（　　）。
A. 凭证反映的内容是否合法　　　　B. 数字计算有无错误
C. 凭证上各项目是否填列齐全　　　D. 各项目的填写是否正确

4. 转账凭证属于（　　）。
A. 记账凭证　　　B. 专用记账凭证　C. 会计凭证　　　D. 复式记账凭证

5. 下列凭证中，属于汇总原始凭证的有（　　）。
A. 发料汇总表　　　　　　　　　　B. 制造费用分配表
C. 发票　　　　　　　　　　　　　D. 工资结算汇总表

6. 下列凭证中，属于复式记账凭证的有（　　）。
A. 借项记账凭证　B. 收款凭证　　　C. 付款凭证　　　D. 转账凭证

7. 下列属于外来凭证的有（　　）。
A. 购入材料的发票　　　　　　　　B. 出差住宿费发票
C. 银行结算凭证　　　　　　　　　D. 收款凭证

8. 自制原始凭证按其填制手续不同，可以分为（　　）。
A. 外来凭证　　　B. 一次凭证　　　C. 累计凭证　　　D. 汇总原始凭证

9. 外来原始凭证应该（　　）。
A. 从企业外部取得　　　　　　　　B. 由会计人员填制
C. 是一次凭证　　　　　　　　　　D. 盖有填制单位公章

10. 填制原始凭证时应做到（　　）。
A. 遵纪守法　　　B. 记录真实　　　C. 填写认真　　　D. 内容完整

11. 企业购买材料一批并已入库，该项业务可能涉及的原始凭证有（　　）。
A. 购货发票　　　B. 货运单据　　　C. 支票　　　　　D. 入库单

12. 记账凭证填制的根据是（　　）。
A. 付款凭证　　　B. 收款凭证　　　C. 原始凭证　　　D. 原始凭证汇总表

三、名词解释

1. 会计凭证　　　　　　　　　　　2. 原始凭证
3. 一次凭证　　　　　　　　　　　4. 累计凭证
5. 汇总凭证　　　　　　　　　　　6. 记账凭证
7. 收款凭证　　　　　　　　　　　8. 付款凭证
9. 转账凭证

四、判断题

1. 收款凭证只有在现金增加时才填制。（　　）
2. 记账凭证是由会计人员根据审核无误的原始凭证填制的。（　　）
3. 转账凭证登记与货币资金收付无关的业务。（　　）
4. 发出材料汇总表是一种汇总原始凭证。（　　）
5. 备查账簿的记录内容要受总账的制约，是对日记账和明细账的补充核算。（　　）
6. 原始凭证有时也是登记账簿的依据。（　　）
7. 所有的记账凭证都必须后附原始凭证。（　　）

8. 原始凭证和记账凭证都是由会计人员填制的。（   ）
9. 将现金1 000元存入银行，出纳人员应编制收款凭证。（   ）
10. 企业制订的计划、签订的合同等均属于自制原始凭证。（   ）
11. 原始凭证是在记账后取得或填制的，作为经济业务完成情况的书面证明。（   ）
12. 在所有会计凭证上只需会计部门的相关人员签字盖章，对经济业务的合法性、真实性和正确性负完全责任。（   ）
13. 编制汇总原始凭证的目的是便于控制管理。（   ）
14. 采用累计凭证的目的是减少凭证张数，简化填制手续和便于控制管理。（   ）
15. 通常会计凭证可以分为收款凭证、付款凭证和转账凭证。（   ）
16. 汇总原始凭证与原始凭证都具有法律效力。（   ）
17. 转账凭证是根据与货币资金无关业务的原始凭证编制的。（   ）
18. 汇总收款凭证是根据收款凭证分别按"库存现金""银行存款"账户的借方设置，并按对应的借方账户归类汇总。（   ）
19. 为了便于编制汇总转账凭证，要求转账分录保持一借一贷或一贷多借，而不宜采用一借多贷。（   ）
20. 会计凭证按其填制程序和用途不同，可以分为原始凭证和记账凭证。（   ）
21. 记账凭证按其反映的经济业务不同，可以分为自制凭证和外来凭证。（   ）
22. 限额领料单属于汇总凭证。（   ）
23. 会计凭证就是会计分录。（   ）
24. 属于货币资金收入的业务，都应填制收款凭证。（   ）
25. 企业将现金存入银行，一方面引起现金减少，另一方面又引起银行存款增加，所以，应填制现金付款凭证和银行存款收款凭证。（   ）
26. 外来原始凭证都是一次性使用的会计凭证。（   ）
27. 由于各经济单位的业务量多少不同，会计凭证数量也不一致，所以可以自行规定销毁会计凭证的时间。（   ）
28. 对于遗失的原始凭证而又无法取得证明的，如火车票等，可由当事人写出详细情况，由单位负责人批准后，也可代做原始凭证。（   ）
29. 为了实行钱账分管原则，通常由出纳人员填制收款凭证和付款凭证，由会计人员登记现金日记账和银行存款日记账。（   ）
30. 多栏式总分类账是指将全部账户集中在一张账页中登记的总分类账，所以又称日记总账。（   ）

五、简答题

1. 填制和审核会计凭证的意义何在？
2. 简要说明原始凭证与记账凭证的区别。
3. 原始凭证应具备哪些基本内容？
4. 填制原始凭证应遵循哪些基本要求？
5. 原始凭证审核的主要内容有哪些？
6. 记账凭证应具备哪些基本内容？
7. 涉及现金与银行存款之间相互收付的业务应填制何种记账凭证？为什么？

8. 填制记账凭证有哪些具体要求？
9. 记账凭证审核的主要内容有哪些？

六、业务题

1. 资料：某企业存货采用实际成本法核算，2020 年 8 月发生下列业务。

（1）向友谊工厂购进甲材料，价款 10 000 元，增值税 1 300 元，运费 800 元，款项已通过银行付清，材料验收入库。

（2）采购员归来报销差旅费 1 280 元（原借款 1 000 元），不足部分补足现金。

（3）接受国家投资的全新设备，设备价值 125 000 元，进项税额为 16 250 元。

（4）向红星厂销售产品，价款 42 000 元，收到一张 30 000 元的支票已存入银行，余款客户暂欠（假设不考虑增值税）。

（5）用银行存款支付应由本月负担的借款利息 5 600 元。

（6）分配工资费用，其中：生产工人工资 28 000 元，车间管理人员工资 15 000 元，行政管理人员工资 20 000 元。

（7）用银行存款 10 000 元支付当月保险费。

（8）开出现金支票 8 000 元购买办公用品。

（9）从银行提取现金 53 000 元备发工资。

（10）提取固定资产折旧，其中车间固定资产折旧额 16 000 元，厂部固定资产折旧额 12 000 元。

要求：

（1）编制会计分录。

（2）指明每笔业务应编制的专用记账凭证名称。

2. 资料：新风公司存货采用实际成本法核算，2020 年 6 月发生下列经济业务。

（1）向大达公司购入乙种材料 500 千克，共计买价 5 000 元，增值税 650 元。材料已验收入库，账款未付。

（2）从银行提取现金 3 000 元。

（3）采购员陈林暂借差旅费 2 000 元，以现金支票付讫。

（4）从利民公司购入甲种材料 1 000 千克，共计买价 50 000 元，增值税 6 500 元。以银行存款付讫，材料当即验收入库。

（5）向中信公司购入丙种材料 50 千克，共计买价 25 000 元，增值税税率为 13%，以银行存款付讫。材料当即验收入库。

（6）以银行存款偿还前欠大达公司货款 5 650 元。

（7）采购员陈林出差回来报销预借的差旅费（预借 2 000 元），实际报销差旅费 2 200 元，以现金补付差额。

要求：根据上述经济业务编制会计分录，并说明需要编制的记账凭证类型。

第六章 会计账簿

一、单项选择题

1. 记账后发现记账凭证科目正确，但所记金额大于应记金额，可采用的更正方法是（　）。
   A. 画线更正法　　B. 红字更正法　　C. 补充登记法　　D. 平行登记法
2. "生产成本"明细账应该采用（　）。
   A. 三栏式　　B. 多栏式　　C. 数量金额式　　D. 任意格式
3. "应交税费——应交增值税"明细账应采用的格式是（　）。
   A. 借方多栏式　　　　　　　B. 贷方多栏式
   C. 借方贷方多栏式　　　　　D. 三栏式
4. 企业开出转账支票1 690元购买办公用品，编制记账凭证时，误记金额为1 960元，并已入账，应采用的更正方法是（　）。
   A. 补充登记270元　　　　　B. 红字冲销270元
   C. 在凭证中画线更正　　　　D. 把错误凭证撕掉重编
5. 期末根据账簿记录结出各账户的本期发生额合计数和期末余额，在会计上称作（　）。
   A. 对账　　B. 结账　　C. 调账　　D. 查账
6. "营业外收入"明细账的格式应是（　）。
   A. 三栏式　　B. 多栏式　　C. 数量金额式　　D. 任意格式
7. 现金日记账和银行存款日记账应采用（　）。
   A. 订本式　　B. 活页式　　C. 多栏式　　D. 卡片式
8. 发现记账凭证所用账户正确，但所填金额大于应记金额，并已过账，应采用（　）更正错误。
   A. 红字更正法　　B. 补充登记法　　C. 画线更正法　　D. 平行登记法
9. "库存商品"明细分类账的格式一般采用（　）。
   A. 三栏式　　B. 数量金额式　　C. 多栏式　　D. 横线登记式
10. 对于临时租入的固定资产，应在（　）中登记。
    A. 分类账　　B. 备查账　　C. 日记账　　D. 日记总账
11. 应在存货分类账簿中登记的事项有（　）。
    A. 购入一台机器设备　　　　B. 接受一批委托加工材料
    C. 租入一台机器设备　　　　D. 采购原材料一批
12. 在结账之前，如果发现账簿记录有错误，而记账凭证没错误，应采用（　）更正。
    A. 红字更正法　　B. 直接涂改法　　C. 补充登记法　　D. 画线更正法
13. 原材料明细账应采用的格式是（　）。
    A. 数量金额式　　B. 数量式　　C. 三栏式　　D. 多栏式

14. 三栏式明细账适用于（   ）。
   A. 债权债务明细账　　　　　　B. 费用明细账
   C. 材料明细账　　　　　　　　D. 生产成本明细账

二、多项选择题

1. 账簿按用途不同可以分为（   ）。
   A. 序时账簿　　B. 分类账簿　　C. 卡片式账簿　　D. 备查账簿

2. 对账的内容包括（   ）。
   A. 账证核对　　B. 账表核对　　C. 账实核对　　D. 账账核对

3. 银行存款日记账登记的依据是（   ）。
   A. 银行存款收款凭证
   B. 银行存款付款凭证
   C. 库存现金付款凭证
   D. 库存现金收款凭证

4. 账簿按外表形式可分为（   ）。
   A. 订本式账簿　　B. 多栏式账簿　　C. 活页式账簿　　D. 卡片式账簿

5. 记账后发现记账凭证中应借、应贷账户正确只是金额发生错误，可以采用的更正方法是（   ）。
   A. 画线更正法　　B. 横线更正法　　C. 红字更正法　　D. 补充登记法

6. 下列内容可以采用三栏式明细账的有（   ）。
   A. 其他应收款　　B. 制造费用　　C. 应收账款　　D. 短期借款

7. 任何会计主体必须设置的会计账簿有（   ）。
   A. 日记账　　B. 总账　　C. 明细账　　D. 备查账

8. 下列账户中，可以只按借方发生额来设置多栏账页的有（   ）。
   A. "主营业务收入"账户
   B. "生产成本"账户
   C. "管理费用"账户
   D. "本年利润"账户

9. 下列账簿中，属于特种日记账的有（   ）。
   A. 库存现金日记账　　　　　　B. 银行存款日记账
   C. 购货日记账　　　　　　　　D. 销货日记账

10. 在会计实务工作中，明细分类账的账页格式有（   ）。
    A. "T"字式　　B. 三栏式　　C. 多栏式　　D. 数量金额式

三、名词解释

1. 账簿　　　　　　　　　　　2. 序时账簿
3. 普通日记账　　　　　　　　4. 特种日记账
5. 分类账簿　　　　　　　　　6. 备查账簿

四、判断题

1. 结账就是结算、登记每个账户的期末余额工作。　　　　　　　　　　　　（   ）
2. 账簿是重要的经济档案和历史资料，必须长期保存，永远不得销毁。　　（   ）

3. 对于文字和数字错误，可只划去错误的部分并进行更正。（　　）
4. 每一个企业都应设置分类账、现金日记账、银行存款日记账和备查账簿。（　　）
5. 记账除结账、改错和冲销账簿以外，不得用红色墨水笔进行记账。（　　）
6. 在科目汇总表核算形式下，总分类账必须逐日逐笔进行登记。（　　）
7. 保管期满的会计档案应全部销毁。（　　）
8. 现金日记账和银行存款日记账都属于特种日记账。（　　）
9. 采用红字更正法时，须先编制一张与错误凭证方向相反的记账凭证冲销记录，然后再编制红字凭证。（　　）
10. 在结账之前，如果发现账簿记录有错误，而记账凭证没错，应采用红字更正法。（　　）
11. 新的会计年度开始时，必须更换全部账簿，不能只更换总分类账、现金日记账和银行存款日记账。（　　）
12. 账簿按用途可分为序时账、分类账和备查账。（　　）
13. 总分类账和明细分类账都是根据记账凭证逐笔登记的。（　　）
14. 现金日记账应在每日终了时结出余额，并与库存现金核对相符。（　　）
15. 生产成本明细账和管理费用明细账的格式适宜采用多栏式。（　　）
16. 记账以后，如果发现记账凭证中账户用错，而且所填金额小于应记金额，可用补充登记法进行更正。（　　）
17. 在结账前，若发现账簿记录有错，而记账凭证无错，即过账笔误或账簿数字计算有错误，可用画线更正法进行更正。（　　）
18. 记账时不慎发生隔页、跳行情况，应在空页或空行处用红色墨水笔画对角线，在空页上还应加盖"作废"戳记。（　　）
19. 总分类账只能以货币为计量单位提供总括的核算资料，明细分类账也只能以货币为计量单位提供详细的核算资料。（　　）
20. 序时账簿可以用来登记全部经济业务，也可以用来登记某一类经济业务。（　　）
21. 总分类账户中登记的金额，可能会与所属明细分类账中登记金额合计数不相符。（　　）
22. 每个明细分类账户余额的方向总是同其所属的总分类账户余额的方向相同。（　　）

五、简答题

1. 设置账簿有什么意义？
2. 账簿的设置应遵循哪些原则？
3. 画线更正法适用于什么情况？怎样利用它来更正错账？
4. 红字更正法适用于哪些情况？怎样利用它来更正错账？
5. 补充登记法适用于什么情况？怎样利用它来更正错账？
6. 简述对账工作的主要内容。
7. 简述总账与明细账的平行登记。

六、业务题

1. 永正公司将账簿记录与记账凭证进行核对时，发现下列经济业务的凭证内容与账簿记录不相符。

(1) 开出转账支票一张 200 元，支付管理部门零星开支。原编制记账凭证为

借：管理费用　　　　　　　　　　　　　　　　　　　　　　200

　　贷：库存现金　　　　　　　　　　　　　　　　　　　　　200

(2) 签发转账支票 4 000 元，支付明年的报刊订阅费。原编制记账凭证为

借：预付账款　　　　　　　　　　　　　　　　　　　　　　400

　　贷：银行存款　　　　　　　　　　　　　　　　　　　　　400

(3) 签发转账支票 6 000 元，支付本月房租。原编制记账凭证为

借：管理费用　　　　　　　　　　　　　　　　　　　　　9 000

　　贷：银行存款　　　　　　　　　　　　　　　　　　　9 000

(4) 用现金支付管理部门零星购置费 78 元，原编制记账凭证为

借：管理费用　　　　　　　　　　　　　　　　　　　　　　 78

　　贷：库存现金　　　　　　　　　　　　　　　　　　　　　 78

记账时库存现金付出栏记录为 87 元。

要求：判断上述各项经济业务的账务处理有无错误，如有错误请采用适当的方法予以更正。

2. 资料：永正公司为增值税一般纳税人，2020 年 1 月初库存现金日记账余额为 500 元，银行存款日记账余额为 78 000 元。本月发生下列有关经济业务。

(1) 1 日，办公人员王明预借差旅费 500 元，经审核以现金付讫。

(2) 2 日，签发现金支票 4 000 元，从银行提取现金，以备日常开支需要。

(3) 4 日，以银行存款 2 800 元缴纳欠缴税费。

(4) 5 日，从银行借入短期借款 80 000 元，存入开户行。

(5) 6 日，签发现金支票 46 000 元，从银行提取现金备发工资。

(6) 7 日，发放本月职工工资。

(7) 7 日，生产车间报销日常开支费用，经审核，以现金 190 元支付。

(8) 10 日，收到银行通知，收到购货单位偿还上月所欠货款 95 000 元，已收妥入账。

(9) 11 日，开出转账支票 5 800 元，支付本月发生的车间厂部管理部门固定资产修理费。

(10) 12 日，办公人员部门报销购买零星办公用品费用 180 元，经审核以现金付讫。

(11) 12 日，采购员王明回公司报销差旅费 450 元，原借 500 元，余款退回现金。

(12) 14 日，以现金 160 元，支付购进材料时的运费。

(13) 15 日，签发转账支票 24 000 元，支付所欠供应单位的货款。

(14) 16 日，销售产品一批，售价为 20 000 元，增值税为 2 600 元，已收到银行进账通知。

(15) 23 日，购进材料一批，价款为 80 000 元，增值税为 10 400 元，运费 200 元，全部款项均以银行存款支付。

(16) 25 日，签发转账支票 43 000 元，预付供应单位购料款。

(17) 28 日，将超过库存限额的现金 3 000 元送存银行。

(18) 28 日，接到银行付款通知，支付本月车间电费 21 000 元。

(19) 30 日，以银行存款 30 000 元，预付下季度租入的固定资产租金。

(20) 31 日，收到购货单位预付的货款 57 000 元，存入银行。

(21) 31 日，以银行存款支付广告费 4 000 元。

要求：根据上述经济业务编制记账凭证（或会计分录）。

第七章 财产清查

一、单项选择题

1. 现金清查的方法有（　　）。
   A. 技术测算法　　B. 实地盘点法　　C. 查询核对法　　D. 与银行对账单相核对
2. 实地盘存制与永续盘存制的主要区别是（　　）。
   A. 盘点的方法不同　　　　　　B. 账簿的记录要求不同
   C. 盘点的工具不同　　　　　　D. 盘亏结果处理不同
3. 一般而言，单位撤销、合并时要对财产进行（　　）。
   A. 定期清查　　B. 全面清查　　C. 局部清查　　D. 实地清查
4. 对于现金的清查，应将其结果及时填列（　　）。
   A. 盘存单　　　　　　　　　　B. 账存实存对比表
   C. 现金盘点报告表　　　　　　D. 对账单
5. 对于大量成堆难以清点的财产物资，应采用的清查方法是（　　）。
   A. 实地盘点法　　B. 抽样盘点法　　C. 查询核对法　　D. 技术推算盘点法
6. 在记账无误的情况下，造成银行对账单和银行存款日记账不一致的原因是存在（　　）。
   A. 应付账款　　B. 应收账款　　C. 未达账项　　D. 外埠存款
7. 账存实存对比表是调整账面记录的（　　）。
   A. 记账凭证　　B. 转账凭证　　C. 原始凭证　　D. 累计凭证
8. 下列项目的清查应采用询证核对法的是（　　）。
   A. 原材料　　B. 应付账款　　C. 实收资本　　D. 固定资产
9. "待处理财产损溢"账户的借方余额表示（　　）。
   A. 尚待处理的盘盈数　　　　　B. 尚待处理的盘亏和毁损数
   C. 已处理的盘盈数　　　　　　D. 已处理的盘亏和毁损数
10. 对于盘亏的固定资产的净值经批准后借记的账户是（　　）账户。
    A. "营业外收入"　　　　　　B. "营业外支出"
    C. "管理费用"　　　　　　　D. "待处理财产损溢"
11. 企业对于无法收回的应收账款应借记的账户是（　　）账户。
    A. "财务费用"　　　　　　　B. "营业外支出"
    C. "坏账准备"　　　　　　　D. "管理费用"
12. 核销存货的盘盈时应贷记的账户是（　　）账户。
    A. "管理费用"　　　　　　　B. "营业外收入"
    C. "待处理财产损溢"　　　　D. "其他业务收入"
13. 对于债权债务的清查应采用的方法是（　　）。
    A. 询证核对法　　　　　　　　B. 实地盘点法
    C. 技术推算盘点法　　　　　　D. 抽样盘存法

14. 对贵重物资和现金进行清查的方法是（   ）。
    A. 询证核对法   B. 以存计耗法   C. 实地盘点法   D. 永续盘存制
15. 下列单据中，应由财会部门编制，并可直接作调整账簿记录的原始凭证是（   ）。
    A. 银行存款余额调节表   B. 材料盘存单
    C. 账存实存对比表   D. 银行对账单
16. 为了及时掌握各项财产物资的增减变动和结存情况，一般应采用（   ）。
    A. 权责发生制   B. 实地盘存制   C. 收付实现制   D. 永续盘存制
17. 银行存款余额调节表是（   ）。
    A. 通知本单位未达账项调账的依据
    B. 通知银行更正错误的依据
    C. 调整银行存款账簿记录的原始凭证
    D. 只起到对账作用，不能作为调节账面余额的原始凭证
18. "待处理财产损溢"账户的借方可以登记（   ）。
    A. 经批准转销的财产盘盈和盘亏、毁损
    B. 待批准处理的财产盘盈和盘亏、毁损
    C. 待批准处理的财产盘亏、毁损和经批准转销的财产盘盈
    D. 待批准处理的财产盘盈和经批准转销的财产盘亏、毁损

二、多项选择题

1. 财产物资的盘存制度有（   ）。
   A. 收付实现制   B. 权责发生制   C. 永续盘存制   D. 实地盘存制
2. 财产清查按照清查的时间可分为（   ）。
   A. 全面清查   B. 局部清查   C. 定期清查   D. 不定期清查
3. 企业进行全面清查主要发生的情况有（   ）。
   A. 年终决算后   B. 清产核资时   C. 关停并转时   D. 更换现金出纳时
4. 财产清查按照清查的执行单位不同，可分为（   ）。
   A. 内部清查   B. 外部清查   C. 定期清查   D. 不定期清查
5. 银行存款余额调节表是（   ）。
   A. 原始凭证   B. 调节账面记录的原始依据
   C. 只起到对账作用   D. 银行存款清查的方法
6. 常用的实物资产清查的方法包括（   ）。
   A. 实地盘点法   B. 技术推算盘点法
   C. 评估确认法   D. 协商议价法
7. 按清查的范围不同，可将财产清查分为（   ）。
   A. 全面清查   B. 局部清查   C. 定期清查   D. 内部清查
8. 采用实地盘点法进行清查的项目有（   ）。
   A. 固定资产   B. 库存商品   C. 银行存款   D. 库存现金
9. 双方核对账目的方法适用于（   ）。
   A. 固定资产的清查   B. 现金的清查
   C. 银行存款的清查   D. 预付账款的清查

10. 对于盘亏的财产物资，经批准后进行账务处理，可能涉及的借方账户有（　　）账户。
   A. "管理费用"　　　　　　　　　B. "营业外支出"
   C. "营业外收入"　　　　　　　　D. "待处理财产损溢"
11. 在（　　）的情况下，应进行不定期清查。
   A. 发生非常损失　　　　　　　　B. 更换出纳人员
   C. 会计主体发生改变　　　　　　D. 清点库存现金
12. 永续盘存制与实地盘存制的区别有（　　）。
   A. 财产物资在账簿中的记录方法不同
   B. 永续盘存制不需要进行财产清查
   C. 实地盘存制不需要登记账簿
   D. 确定结存数的方法不同
13. 各种应收、应付款项的清查，包括（　　）的查核。
   A. 本企业与外部其他企业的应收、应付结算款项
   B. 尚未报销的职工预借款项
   C. 对本企业职工的各种代垫、代付款项
   D. 企业内部各部门之间的应收、应付款项
14. 对银行存款的清查应根据（　　）进行。
   A. 银行存款实有数　　　　　　　B. 银行存款日记账
   C. 银行对账单　　　　　　　　　D. 未达账项

三、名词解释
1. 财产清查　　　　　　　　　2. 永续盘存制
3. 实地盘存制

四、判断题
1. 实地盘存制下，期末必须对财产物资进行盘点。（　　）
2. 定期清查可以是局部清查，也可以是全面清查。（　　）
3. 在永续盘存制下，财产清查的目的是确定本期发出数。（　　）
4. 对于现金的清查，一般采用实地盘点法。（　　）
5. 进行财产清查，如发现账存数小于实存数，即为盘亏。（　　）
6. 企业与其开户银行对账时所编制的银行存款余额调节表是企业银行存款账实不符时进行会计核算的原始凭证。（　　）
7. 在永续盘存制下，财产清查的目的是确定本期收入数。（　　）
8. 不定期清查都是全面清查，不可以是局部清查。（　　）
9. 采用实地盘存制，对于存货实地盘点的结果应当编制账存实存对比表。（　　）
10. 采用永续盘存制的企业，对财产物资一般不需要进行实地盘点。（　　）
11. 如果银行对账单与企业银行存款账面余额不相符，说明其中一方记账有误。（　　）
12. 全面清查是定期清查，局部清查是不定期清查。（　　）
13. 未达账项是由于企业、事业单位的财会人员不及时登账造成的。（　　）
14. 银行存款清查主要是将银行存款日记账与总账进行核对。（　　）

15. 在永续盘存制下，可以不进行实地盘点。（   ）
16. 造成账实不符的原因肯定是人为的。（   ）
17. 存货的盘亏、毁损和报废，在报批后均应记入"管理费用"账户。（   ）

五、简答题

1. 什么是财产清查？财产清查的意义何在？
2. 何为永续盘存制？何为实地盘存制？在不同的盘存制度下，对财产物资进行清查盘点的目的有何不同？
3. 何为未达账项？企业与银行之间的未达账项有哪几种？
4. 简述"待处理财产损溢"账户的用途和结构。

六、业务题

1. 某企业7月31日银行存款日记账余额为691 600元，而银行对账单的余额为681 600元，经逐笔核对，发现有以下未达账项。

（1）7月26日企业开出转账支票3 000元，持票人尚未到银行办理转账，银行尚未登账。

（2）7月28日企业委托银行代收款项4 000元，银行已收款入账，但企业未接到银行的收款通知，因而未登记入账。

（3）7月29日企业送存购货单位签发的转账支票15 000元，企业已登账，银行尚未登记入账。

（4）7月30日银行代企业支付水电费2 000元，企业尚未接到银行的付款通知，故未登记入账。

要求：根据以上有关内容，编制银行存款余额调节表，并分析调节后是否需要编制有关分录。

2. 兴海公司2020年10月31日银行存款日记账余额为78 100元，银行对账单上的余额为72 000元，经日记账与对账单逐笔核对，双方记账过程没有错误，只发现下列未达账项。

（1）10月29日企业开出支票1 080元购买办公用品，企业已记账，但企业尚未到银行办理转账。

（2）10月30日银行代企业支付当月水电费3 200元，银行已记账，但付款通知尚未到达企业。

（3）10月30日银行代企业收回销货款2 000元，并记账，但尚未通知企业。

（4）10月31日企业收到客户交来的购货支票5 980元并送存银行，企业根据进账单等已记账，但银行未记账。

要求：根据上述资料编制银行存款余额调节表并分析调节后是否需要编制有关会计分录。

3. 深大公司在财产清查中，发现以下问题。

（1）存在一台账外机器，重置完全价值65 000元，估计八成新。

（2）盘亏设备一台，账面原价28 000元，已提折旧12 000元。（不考虑增值税）

（3）甲材料账存4 500元，实存4 300元，系保管员责任。

（4）乙材料账存7 500元，实存7 850元，系收发计量不准确造成。

（5）丙材料账存 15 200 元，实存 13 500 元，系自然灾害造成，保险公司应给予 1 000 元赔偿，暂未收到款。

要求：对上述业务进行相关账务处理（包括批准前和批准后的账务处理）。

4. 某企业经财产清查，发现盘盈 A 材料 3 200 吨。经查明是由于计量上的错误造成的。按计划成本每吨 2 元入账。

要求：做批准前和批准后的账务处理。

5. 某企业经财产清查发现盘亏 B 材料 100 吨，每吨 200 元。经查明，属于定额内合理的损耗有 5 吨，计 1 000 元；属于过失人造成的由责任人赔偿 40 吨，计 8 000 元；属于自然灾害造成的损失有 55 吨，计 11 000 元，但由保险公司赔偿 6 000 元。

要求：进行批准前和批准后的账务处理。

6. 某企业在财产清查中发现盘盈机器设备一台，估计原值为 300 000 元，估计已提折旧额为 50 000 元。

要求：进行批准前和批准后的账务处理。

7. 某企业在财产清查中发现盘亏机器设备一台，账面原值为 280 000 元，已提折旧额为 100 000 元。

要求：进行批准前和批准后的账务处理。

第七章 参考答案

第八章 财务报表

一、单项选择题

1. 会计报表编制的依据是（　　）。
   A. 原始凭证　　B. 记账凭证　　C. 科目汇总表　　D. 账簿记录
2. 按照《企业会计准则》的规定，资产负债表应采用的格式为（　　）。
   A. 单步式　　B. 多步式　　C. 账户式　　D. 报告式
3. 按照《企业会计准则》的规定，利润表应采用的格式为（　　）。
   A. 单步式　　B. 多步式　　C. 账户式　　D. 报告式
4. 资产负债表是反映企业财务状况的会计报表，它的时间特征是（　　）。
   A. 某一特定的日期　　　　B. 一定时期内
   C. 某一年内　　　　　　　D. 某一月内
5. 下列各种会计报表中，属于企业对外提供的静态报表的是（　　）。
   A. 利润表　　　　　　　　B. 所有者权益变动表
   C. 现金流量表　　　　　　D. 资产负债表
6. "应收账款"账户所属明细账户如有贷方余额，应在资产负债表（　　）项目中反映。
   A. "预付账款"　　　　　　B. "预收账款"
   C. "应收账款"　　　　　　D. "应付账款"
7. 以"资产＝负债＋所有者权益"这一会计等式为编制依据的会计报表是（　　）。
   A. 利润表　　　　　　　　B. 所有者权益变动表
   C. 资产负债表　　　　　　D. 现金流量表
8. 以"收入－费用＝利润"这一会计等式为编制依据的会计报表是（　　）。
   A. 利润表　　　　　　　　B. 所有者权益变动表
   C. 资产负债表　　　　　　D. 现金流量表
9. 按照会计报表反映的经济内容分类，资产负债表属于（　　）。
   A. 财务状况报表　　　　　B. 经营成果报表
   C. 对外报表　　　　　　　D. 月报表
10. 资产负债表的下列项目中，需要根据几个总分类账户的期末余额进行汇总填列的是（　　）项目。
    A. 交易性金融资产　　　　B. 短期借款
    C. 货币资金　　　　　　　D. 累计折旧
11. 反映企业财务状况的会计要素一般不包括（　　）。
    A. 资产　　B. 负债　　C. 所有者权益　　D. 收入
12. 反映企业经营成果的会计要素一般不包括（　　）。
    A. 收入　　B. 费用　　C. 利润　　D. 负债
13. 利润表应根据（　　）账户分析填列。
    A. "库存商品"　　　　　　B. "利润分配"

C. 各损益类　　　　　　　　　　D. 资产类

14. 资产负债表中"应付账款"项目应根据（　　）填列。

A. "应付账款"总账账户贷方余额

B. "应收账款"账户所属各明细账户贷方余额合计数

C. "应付账款"和"预付账款"账户所属各明细账户贷方余额合计数

D. "应付账款""其他应付款""应付职工薪酬"等总账账户贷方余额合计数

15. 资产负债表中的"未分配利润"项目是指（　　）。

A. 应留给企业的利润

B. 税后利润减去已分配利润后的余额

C. 宣告发放而尚未支付给企业所有者的利润

D. 实现利润减去应交所得税后的余额

16. 外部信息使用者了解一个企业会计信息最主要的途径是（　　）。

A. 财务报告　　　B. 会计账簿　　　C. 财产清查　　　D. 会计凭证

二、多项选择题

1. 利润表提供的信息包括（　　）。

A. 净利润　　　　　　　　　　B. 实现的营业收入

C. 营业利润　　　　　　　　　D. 利润或亏损总额

2. 下列企业报表，属于对外的会计报表的有（　　）。

A. 资产负债表　　　　　　　　B. 利润表

C. 所有者权益变动表　　　　　D. 制造成本表

3. 资产负债表的"存货"项目应根据下列总账账户的合计数填列的有（　　）项目。

A. "原材料"　　　　　　　　　B. "在建工程"

C. "低值易耗品"　　　　　　　D. "材料成本差异"

4. 按照会计报表所反映的经济内容不同，可分为（　　）。

A. 反映财务状况的报表　　　　B. 反映财务成果的报表

C. 个别会计报表　　　　　　　D. 合并会计报表

5. 在编制资产负债表时，应根据总账账户的余额减去备抵账户余额后的净额填列的项目有（　　）项目。

A. "固定资产"　　　　　　　　B. "应收账款"

C. "无形资产"　　　　　　　　D. "存货"

6. 现金流量表中的现金等价物应同时具备下列条件（　　）。

A. 期限短　　　　　　　　　　B. 易于转换成已知金额的现金

C. 价值变动风险小　　　　　　D. 流动性强

7. 下列项目中，属于经营活动产生的现金流量是（　　）。

A. 支付管理人员工资　　　　　B. 支付借款利息

C. 收到分来的股利款　　　　　D. 销售产品收到货款

8. 下列项目中，属于筹资活动产生的现金流量的是（　　）。

A. 分配利润支付现金　　　　　B. 从银行取得贷款

C. 发行债券收到现金　　　　　D. 购买债券支付现金

三、名词解释
1. 财务报表　　　　　　2. 资产负债表
3. 利润表　　　　　　　4. 现金流量表

四、判断题
1. 利润表就是反映企业在特定时点利润实现情况的会计报表。（　　）
2. 单步式和多步式利润表就其反映的经济内容来看是相同的，只不过项目组合不同。（　　）
3. 资产负债表是反映企业一定期间的资产、负债、所有者权益状况的报表。（　　）
4. 账户式和报告式资产负债表的编制原理是一致的。（　　）
5. "应收账款"项目应根据"应收账款"和"预收账款"账户所属的明细账户期末借方余额合计填列。（　　）
6. 资产负债表属于静态报表，应根据有关账簿的期末余额编制。（　　）
7. 内部报表的编制时间、内容和格式都可以根据企业内部管理的实际需要而定，一般不受国家规定的限制。（　　）
8. 资产负债表中的"存货"项目应根据所有有关存货各账户余额的合计数填列。（　　）

五、简答题
1. 简述会计报表的作用。
2. 简述资产负债表各项目的填列方法。
3. 现金流量表可以提供哪些信息？
4. 怎样才能使会计报表的数字真实准确？

六、业务题
1. 某企业 2020 年 12 月 31 日有关账户余额见表 2-8-1。

表 2-8-1　　　　　　某企业 2020 年 12 月 31 日有关账户余额

单位：元

账户名称	借方余额	贷方余额
应收账款	65 000	
坏账准备		500
预付账款	30 000	
——A 公司	26 500	
——B 公司		1 500
——C 公司	5 000	
原材料	34 000	
生产成本	56 000	
库存商品	85 000	
材料成本差异		800
预收账款		4 000
——D 公司	10 000	
——E 公司		14 000
利润分配	172 500	
本年利润		210 000

要求：计算资产负债表中下列项目：①"应收账款"；②"存货"；③"预付账款"；④"应付账款"；⑤"预收账款"；⑥"未分配利润"。

2. 某企业 2020 年 2 月发生下列经济业务。

（1）企业销售甲产品 1 000 件，每件售价 80 元，增值税税额为 10 400 元，货款已通过银行收讫。

（2）企业销售给红星厂乙产品 900 件，每件售价 50 元，增值税税额为 5 850 元，但货款尚未收到。

（3）结转已售甲、乙产品的生产成本。其中：甲产品生产成本 65 400 元；乙产品生产成本 36 000 元。

（4）以银行存款支付本月销售甲、乙两种产品的销售费用 1 520 元。

（5）根据规定计算应交纳城市维护建设税 8 750 元。

（6）王力外出归来报销因公务出差的差旅费 350 元（原已预支 400 元，余款交回现金）。

（7）以现金 1 000 元支付厂部办公费。

（8）收到红星厂前欠货款 45 000 元并存入银行。

（9）没收某单位逾期未退回的包装物押金 6 020 元（假设不考虑增值税）。

（10）用银行存款支付企业全年材料仓库的租赁费 2 400 元。

（11）摊销应由本月负担的预付材料仓库租赁费。

（12）根据上述有关经济业务，结转本期主营业务收入、其他业务收入。

（13）根据上述有关经济业务结转本月主营业务成本、销售费用、税金及附加、管理费用。

（14）根据本期实现的利润总额，按 25% 的税率计算应交所得税。

（15）以银行存款上交城市维护建设税 8 750 元、所得税 4 450 元。

要求：根据发生的经济业务编制会计分录并编制该企业当月的利润表（凡能确定二级账户或明细账户名称的，应同时列明二级账户或明细账户）。

第八章 参考答案

第九章 会计核算组织程序

一、单项选择题

1. 各种会计核算组织程序之间的主要区别是（　　）。
   A. 凭证及账簿组织不同　　　　　B. 记账方法不同
   C. 编制报表的依据不同　　　　　D. 登记总账的依据和方法不同
2. 科目汇总表汇总的是（　　）。
   A. 全部科目的借方发生额　　　　B. 全部科目的贷方发生额
   C. 全部科目的借贷方余额　　　　D. 全部科目的借贷方发生额
3. 科目汇总表与汇总记账凭证都属于（　　）。
   A. 原始凭证　　　　　　　　　　B. 汇总的原始凭证
   C. 汇总的记账凭证　　　　　　　D. 转账凭证
4. 汇总记账凭证核算组织程序的主要缺点是（　　）。
   A. 登记总账的工作量太大
   B. 编制汇总记账凭证工作量大，存在错误不易发现
   C. 体现不了账户的对应关系
   D. 明细账与总账无法核对
5. 付款凭证的贷方账户可能是（　　）账户。
   A. "应收（或应付）账款"　　　　B. "固定资产"或"实收资本"
   C. "管理费用"　　　　　　　　　D. "库存现金"或"银行存款"
6. 核算组织程序主要解决的是会计核算工作的（　　）。
   A. 记账程序问题　　　　　　　　B. 职责分工问题
   C. 技术组织方式问题　　　　　　D. 信息质量问题
7. 汇总记账凭证核算组织程序下，总分类账账页格式一般用（　　）。
   A. 三栏式　　　　　　　　　　　B. 多栏式
   C. 设有"对应账户"栏的三栏式　　D. 数量金额式
8. 编制科目汇总表的直接依据是（　　）。
   A. 原始凭证　　　　　　　　　　B. 原始凭证汇总表
   C. 记账凭证　　　　　　　　　　D. 汇总记账凭证
9. 在各种会计核算组织程序下，不能作为登记总账的直接依据是（　　）。
   A. 原始凭证　　　　　　　　　　B. 记账凭证
   C. 汇总记账凭证　　　　　　　　D. 科目汇总表

二、多项选择题

1. 以记账凭证为依据，按账户贷方设置，将借方账户归类汇总的凭证编制方法有（　　）。
   A. 汇总收款凭证编制法　　　　　B. 汇总付款凭证编制法
   C. 汇总转账凭证编制法　　　　　D. 科目汇总表编制法

2. 在汇总记账凭证组织程序下，应设置的凭证及账簿有（   ）。
   A. 收、付款凭证
   B. 汇总的收、付款凭证
   C. 转账凭证及汇总转账凭证
   D. 现金、银行存款日记账、总账及各种明细账
3. 在不同的会计核算组织程序下登记总账的依据是（   ）。
   A. 记账凭证   B. 汇总记账凭证
   C. 科目汇总表   D. 原始凭证
4. 规模大、业务多、使用会计账户多的单位，应该采用的核算组织程序是（   ）。
   A. 记账凭证核算组织程序   B. 科目汇总表核算组织程序
   C. 汇总记账凭证核算组织程序   D. 日记总账核算组织程序
5. 在科目汇总表核算组织程序下，月末应与总账核对的内容有（   ）。
   A. 现金日记账   B. 银行存款日记账
   C. 备查账   D. 明细账
6. 会计核算组织程序是指（   ）内容的合理组织过程。
   A. 会计凭证   B. 会计账户
   C. 会计账簿   D. 会计报表
7. 日记总账核算组织程序不同于其他核算组织程序的特点是（   ）。
   A. 设置日记总账   B. 根据记账凭证逐笔登记日记账
   C. 根据记账凭证逐笔登记总账   D. 根据记账凭证逐笔登记日记总账
8. 会计核算组织程序又可称为（   ）。
   A. 会计核算组织形式   B. 凭证核算组织程序
   C. 账务处理程序   D. 记账方法
9. 汇总记账凭证核算组织程序的优点包括（   ）。
   A. 能反映账户对应关系，便于对经济业务的分析检查
   B. 减少登记总账的工作量
   C. 总分类账能详细反映经济业务的发生情况
   D. 有利于对全部账户的发生额进行试算平衡
10. 在采用汇总记账凭证核算程序时，编制记账凭证的要求是（   ）。
    A. 收、付、转凭证均可一借一贷   B. 付款凭证可一借多贷
    C. 转账凭证可一贷多借   D. 收款凭证可一借多贷
11. 科目汇总表的作用有（   ）。
    A. 减少总分类账的记账工作量
    B. 进行登记总账前的试算平衡
    C. 反映账户的对应关系
    D. 汇总有关账户的本期借、贷方发生额
12. 会计核算组织程序主要是（   ）内容的合理组织过程。
    A. 合计凭证   B. 会计记录
    C. 会计账簿   D. 会计报表

三、判断题

1. 各种账务处理程序的划分，取决于登记总账的依据不同。（   ）
2. 将汇总记账凭证和相应的总分类账结合起来，可以清晰地了解各类经济业务的来龙去脉。（   ）
3. 记账凭证账务处理程序是其他账务处理程序的基础。（   ）
4. 在科目汇总表核算组织程序下，总分类账必须逐日逐笔进行登记。（   ）
5. 记账凭证账务处理程序是最基本的一种核算组织程序。（   ）
6. 科目汇总表账务处理程序适用于经济业务多、凭证量大的企业。（   ）
7. 各单位必须使用统一的账务处理程序。（   ）
8. 使用记账凭证账务处理程序不能将原始凭证汇总成原始凭证汇总表。（   ）
9. 科目汇总表的编制方式是按会计科目的借方设置，按贷方来归类汇总。（   ）
10. 各种账簿都是直接根据记账凭证进行登记的。（   ）
11. 记账凭证核算组织程序的特点是根据记账凭证逐笔登记总分类账。（   ）
12. 会计核算组织程序不同，现金日记账、银行存款日记账登记的依据也不同。（   ）
13. 各种会计核算组织程序之间的区别主要在于编制会计报表的依据和方法不同。（   ）
14. 采用科目汇总表核算组织程序，不仅可以简化登记总账的工作，而且便于分析经济业务的来龙去脉。（   ）
15. 为保证总账与其所属明细账的记录相符，总账应根据其所属明细账的记录转入登记。（   ）
16. 为了便于编制汇总转账凭证，在编制转账凭证时，其账户的对应关系应是一借一贷或多借一贷。（   ）
17. 不论采用何种会计核算组织程序，总分类账和明细分类账都应该平行登记，二者之间不能互为记账依据。（   ）

四、简答题

1. 简述设计会计核算组织程序的要求。
2. 简述记账凭证核算组织程序的特点、优缺点、适用范围和账务处理程序。
3. 简述科目汇总表核算组织程序的特点、优缺点和适用范围。
4. 简述汇总记账凭证核算组织程序的特点、优缺点和适用范围。

第十章 会计工作规范及信息化

一、单项选择题

1. 《中华人民共和国会计法》明确规定由（　　）管理全国的会计工作。
   A. 国务院　　　B. 财政部　　　C. 全国人大　　　D. 注册会计师协会

2. 会计人员对不真实、不合法的原始凭证应（　　）。
   A. 予以退回　　B. 更正补充　　C. 不予接受　　D. 无权自行处理

3. 按《中华人民共和国会计法》的规定，单位会计资料不实的责任主体是（　　）。
   A. 单位负责人　　　　　　　B. 单位主管会计工作的负责人
   C. 会计人员　　　　　　　　D. 会计主管人员

二、判断题

1. 会计机构的设置原则，既要考虑"精兵简政"，又要满足经济管理的要求，机构设置要合理，人员分工要严密。（　　）
2. 会计人员的技术职称分为会计员、助理会计师、会计师和总会计师4个层次。（　　）
3. 注册会计师是会计行业的执业资格，而不是一种专业职称。（　　）
4. 我国实行国家统一的企业会计准则，因此制定会计准则的权力必须集中于国务院。（　　）
5. 会计主管人员就是财务会计机构的负责人。（　　）
6. 实行会计岗位责任制，一定要使各个岗位职责分明，可以一人一岗或多人多岗，但不允许一人多岗，串岗混岗。（　　）

三、简答题

1. 组织会计工作应遵循哪些要求？
2. 会计人员的主要职责是什么？
3. 会计人员的主要权限有哪些？
4. 会计人员的职业道德是什么？
5. 简述我国会计法规和制度体系的构成层次。
6. 《中华人民共和国会计法》的基本内容是什么？
7. 《企业会计准则》的主要内容是什么？

第十章 参考答案

第三部分

基础会计模拟试卷

基础会计模拟试卷一

(总分 100 分,时间 110 分钟)

一、单项选择题(每题 1 分,共 10 分)

1. 下列业务中,哪项经济业务会引起资产和权益同时增加(   )。
   A. 收到投资者投入的现金　　　　　　B. 将现金存入银行
   C. 以银行存款偿还短期借款　　　　　D. 以现金购买办公用品

2. 现金日记账和银行存款日记账应采用(   )。
   A. 订本式　　　B. 活页式　　　C. 卡片式　　　D. 多栏式

3. 下列选项中,属于其他业务收入的是(   )。
   A. 存款利息收入　　　　　　　　　　B. 罚款收入
   C. 出售材料收入　　　　　　　　　　D. 处置固定资产净收益

4. 企业在不单独设"预付账款"账户的情况下,可用(   )代替。
   A. "应收账款"账户　　　　　　　　B. "预收账款"账户
   C. "应付账款"账户　　　　　　　　D. "其他往来"账户

5. 企业"应付账款"明细账户的借方余额反映的是(   )。
   A. 应付给供应商的款项　　　　　　　B. 预付给供应商的款项
   C. 应收客户的款项　　　　　　　　　D. 预收客户的款项

6. 借贷记账法发生额试算平衡的依据是(   )。
   A. 平行登记　　　　　　　　　　　　B. 会计等式
   C. 资金变化业务类型　　　　　　　　D. 账户结构

7. 会计核算将企业持续、正常的生产经营活动视为基本前提,通常称之为(   )。
   A. 会计假设　　　　　　　　　　　　B. 会计主体
   C. 会计分期　　　　　　　　　　　　D. 持续经营

8. 下列不属于流动负债的项目是(   )。
   A. 应交税费　　　　　　　　　　　　B. 预付账款
   C. 应付利息　　　　　　　　　　　　D. 应付票据

9. 某企业期初资产总额为 300 万元,本期取得短期借款 5 万元,收回应收账款 6 万元,用银行存款 7 万元偿还应付账款。该企业期末资产总额为(   )万元。
   A. 299　　　　B. 298　　　　C. 304　　　　D. 311

10. 企业的"预付账款"账户属于(   )。
    A. 资产类账户　　　　　　　　　　　B. 负债类账户
    C. 所有者权益类账户　　　　　　　　D. 费用类账户

二、多项选择题(下列每小题的备选答案中,有两个或两个以上符合题意的正确答案。请将你选定的答案字母按顺序填入题后的括号中。每题 2 分,共 20 分。多选、少选、错选、不选均不得分)

1. 比较普遍采用的会计核算组织程序有（   ）。
A. 记账凭证核算组织程序
B. 科目汇总表核算组织程序
C. 汇总记账凭证核算组织程序
D. 日记总账核算组织程序

2. 下列属于会计核算基本前提条件的有（   ）。
A. 会计主体
B. 持续经营
C. 会计分期
D. 货币计量

3. 银行存款日记账登记的依据是（   ）。
A. 现金收款凭证
B. 银行存款付款凭证
C. 银行存款收款凭证
D. 现金付款凭证

4. 对账的内容一般包括（   ）。
A. 账证核对
B. 账表核对
C. 账账核对
D. 账实核对

5. 在权责发生制下，应当作为本月收入的是（   ）。
A. 本月销售产品货款已收存银行
B. 上月销售产品本月收回货款
C. 本月销售产品的货款尚未收回
D. 本月预收下月销售产品款

6. 下列业务中，不属于资产与所有者权益同时变动的经济业务有（   ）。
A. 收到投资者投入的固定资产
B. 从银行提取现金
C. 以银行存款购买土地使用权
D. 购买原材料，货款暂欠

7. 下列属于所有者权益构成的项目有（   ）。
A. 资本公积
B. 应收股利
C. 盈余公积
D. 未分配利润

8. 下列属于存货构成项目的有（   ）。
A. 在途材料成本
B. 库存材料成本
C. 周转材料成本
D. 产成品成本

9. 下列可计入管理费用的项目有（   ）。
A. 公司高管人员薪酬
B. 印花税
C. 短期借款手续费
D. 采购员差旅费

10. 明细分类账的格式主要有（   ）。
A. 两栏式
B. 三栏式
C. 数量金额式
D. 借方多栏式

三、判断题（每题 1 分，共 10 分。请将判断结果填入题后的括号中。你认为正确的，

填"√";你认为错误的,填"×"。每小题判断结果符合标准答案的得1分,不符合标准答案或不判断的均不得分)

1. 借贷记账法的记账规则是:有借必有贷,有贷必有借。（ ）
2. 某项资产增加的同时必然是某项权益的增加。（ ）
3. 一般纳税人企业车间设备购置成本中不包括增值税进项税额。（ ）
4. 某一会计人员在记账时漏记了一笔经济业务,这一错误是不可以通过试算平衡表来发现的。（ ）
5. 采用永续盘存制的企业,对财产物资一般不需要进行实地盘点。（ ）
6. "应收账款"项目应根据"应收账款"和"预收账款"账户所属的明细账期末余额合计填列。（ ）
7. 会计既要为管理提供信息,又要履行管理职能。（ ）
8. 财务费用将随企业短期存款利息收入的增加而减少。（ ）
9. 企业接受捐赠物资,会导致收入（广义）和资产同时增加。（ ）
10. 应付账款、预付账款和预收账款都是企业的流动负债。（ ）

四、简答题（每题5分,共10分）

1. 何谓借贷记账法?其记账规则是怎样的?
2. 什么是会计假设?会计基本假设包括哪几项内容?

五、计算题（每题5分,共10分。凡要求计算的项目,均须列出计算过程;计算结果有计量单位的,应予以标明）

1. 某企业本月"生产成本"总账期初余额为34 000元,其中A产品20 000元,B产品14 000元;本月生产产品耗用材料费26 000元,其中A产品耗用18 000元,B产品耗用8 000元;本月生产工人薪酬40 000元,其中A产品耗用24 000元,B产品耗用16 000元;本月发生制造费用30 000元;月末,A、B两种产品均全部完工入库;本月生产工时1 000小时,其中A产品为600小时,B产品为400小时。根据上述资料计算下列各项。

（1）制造费用分配率（按生产工时比例计算）=
（2）A产品应分配的制造费用=
（3）B产品应分配的制造费用=
（4）A产品的总成本=
（5）B产品的总成本=

2. 某公司2020年11月30日银行存款日记账余额为258 000元,银行对账单上的余额为281 680元,经日记账与对账单逐笔核对,双方记账过程没有错误,只发现下列未达账项。

（1）15日银行收到委托收款一笔20 000元,银行已入账,但企业尚未接到收款通知。
（2）月末银行将本月存款利息10 000元自动转到公司账户上,但公司尚未登记入账。
（3）月末企业收到转账支票一张,金额42 00元送交银行,但银行未能及时登记入账。
（4）月末银行代企业支付当月水电费3 200元,银行已记账,付款通知尚未到达企业。
（5）企业开出支票购买办公用品1 080元,企业已记账,但企业尚未到银行办理转账。

要求:根据上述资料编制"银行存款余额调节表"（表3-1-1）,并说明企业是否可以根据该表编制会计分录。

表 3-1-1　　　　　　　　　　银行存款余额调节表

单位：元

项　　目	金　　额	项　　目	金　　额
企业银行存款账面余额		银行对账单上账面余额	
加：		加：	
减：		减：	
调节后企业银行存款余额		调节后银行对账单存款余额	

六、业务处理题（共 40 分）

鸿达公司是增值税一般纳税人，增值税率为 13%，2020 年 12 月发生以下经济业务。

（1）生产车间生产产品领用材料 50 000 元，生产管理部门领用材料 10 000 元，行政管理部门领用材料 6 000 元。（2 分）

（2）购买材料一批，取得增值税专用发票上注明：买价 40 000 元，货款及税金已通过银行转账支付，另外用现金支付采购费用 500 元，材料已验收入库。（2 分）

（3）财产清查过程中发现短缺材料一批，价值 2 500 元，经查，上述盘亏材料中价值 2 000 元的材料是在一次火灾中烧毁的，其中保险公司答应赔偿 1 800 元；剩余价值 500 元的盘亏材料属于一般经营损失。（5 分）

（4）销售产品一批，售价为 500 000 元，产品已经发出，货款已通过银行收到。（2 分）

（5）出售设备一台，价款 82 000 元存入银行，该设备原值 120 000 元，已提折旧 70 000 元。（4 分）

（6）计提固定资产折旧 30 000 元，其中车间 16 000 元，厂部 11 000 元，销售部门 3 000 元。（2 分）

（7）管理部门李某出差归来报销差旅费 3 400 元，原借款 3 000 元，不足部分以现金补足。（2 分）

（8）对应收账款计提坏账准备 2 000 元。（2 分）

（9）本月完工入库 A 产品 1 000 件，成本 236 400 元，结转完工入库产品成本。（2 分）

（10）结转本期产品销售成本 300 000 元。（2 分）

（11）将收入、费用、成本等损益类账户的余额结转"本年利润"账户，并计算利润总额。（4 分）

（12）按实际利润总额的 25% 计算结转应交所得税，并计算净利润。（4 分）

（13）期末，将净利润转入"利润分配——未分配利润"账户。（2 分）

（14）12 月 31 日，按 10% 提取法定盈余公积，向投资者分配利润 20 000 元。（5 分）

要求：根据以上业务编制相应的会计分录。

基础会计模拟试卷二

（总分100分，时间110分钟）

一、单项选择题（每题1分，共10分）

1. 下列选项中，属于费用类科目的是（　　）。
   A. "长期待摊费用"　　　　　　　　B. "制造费用"
   C. "财务费用"　　　　　　　　　　D. "待摊费用"
2. 资本公积的主要用途为（　　）。
   A. 转增资本　　　　　　　　　　　B. 发放工资
   C. 分配股利　　　　　　　　　　　D. 弥补亏损
3. 下列选项中，属于其他业务收入的是（　　）。
   A. 罚款收入　　　　　　　　　　　B. 存款利息收入
   C. 出售材料收入　　　　　　　　　D. 处置固定资产净收益
4. 下列不属于营业外支出的是（　　）。
   A. 非常损失　　　　　　　　　　　B. 罚款支出
   C. 固定资产减值损失　　　　　　　D. 捐赠支出
5. 企业收入的增加往往会引起（　　）。
   A. 资产减少　　　　　　　　　　　B. 所有者权益减少
   C. 负债增加　　　　　　　　　　　D. 资产增加
6. 权责发生制所基于的会计假设是（　　）。
   A. 货币计量　　　　　　　　　　　B. 持续经营
   C. 会计分期　　　　　　　　　　　D. 会计主体
7. 企业年初支付本年度保险费120 000元，当月仅将10 000元计入费用，这符合（　　）。
   A. 收付实现制要求　　　　　　　　B. 真实性要求
   C. 权责发生制要求　　　　　　　　D. 实质重于形式要求
8. 在会计年度内，如果把收益性支出作为资本性支出处理，则会造成的后果是（　　）。
   A. 虚减费用、虚增收益　　　　　　B. 虚增费用、虚增收益
   C. 虚增费用、虚减收益　　　　　　D. 虚减费用、虚减收益
9. 企业发生的产品促销费用应计入（　　）。
   A. 管理费用　　　　　　　　　　　B. 销售费用
   C. 制造费用　　　　　　　　　　　D. 财务费用
10. 下列错误中能够通过试算平衡查找的有（　　）。
    A. 重记经济业务　　　　　　　　　B. 漏记经济业务
    C. 借贷方向相反　　　　　　　　　D. 借贷金额不等

二、多项选择题（下列每小题的备选答案中，有两个或两个以上符合题意的正确答案。请将你选定的答案字母按顺序填入题后的括号中。每题2分，共20分。多选、少选、

错选、不选均不得分）

1. 下列属于只引起会计等式左边会计要素变动的经济业务有（　　）。
   A. 收到投资者投入的设备　　　　　　B. 从银行提取现金
   C. 以银行存款购买土地使用权　　　　D. 购买原材料，货款暂欠
2. 在下列各项中，应计入企业外购存货入账价值的有（　　）。
   A. 增值税进项税额　　　　　　　　　B. 运输途中的保险费
   C. 入库前的挑选整理费　　　　　　　D. 运输途中的合理损耗
3. 下列属于非流动资产的有（　　）。
   A. 无形资产　　　　　　　　　　　　B. 长期股权投资
   C. 库存现金　　　　　　　　　　　　D. 长期待摊费用
4. 下列税费中，应通过"税金及附加"账户核算的有（　　）。
   A. 增值税　　　　　　　　　　　　　B. 消费税
   C. 房产税　　　　　　　　　　　　　D. 城市维护建设税
5. 企业实现的净利润应按规定进行分配，具体形式有（　　）。
   A. 以公积金转增资本　　　　　　　　B. 以盈余公积形式留在企业
   C. 向投资者分配现金股利　　　　　　D. 向投资者分配利润
6. 下列账户中，属于负债类账户的有（　　）。
   A. "应付职工薪酬"　　　　　　　　　B. "预收账款"
   C. "应付股利"　　　　　　　　　　　D. "预付账款"
7. 记账凭证，按其反映的经济内容不同，可分为（　　）。
   A. 原始凭证　　　　　　　　　　　　B. 收款凭证
   C. 付款凭证　　　　　　　　　　　　D. 转账凭证
8. 下列凭证中属于原始凭证的有（　　）。
   A. 产品成本计算表　　　　　　　　　B. 发出材料汇总表
   C. 发票　　　　　　　　　　　　　　D. 提货单
9. 财产清查，按清查对象的范围不同，可分为（　　）。
   A. 定期清查　　　　　　　　　　　　B. 全面清查
   C. 不定期清查　　　　　　　　　　　D. 局部清查
10. 利润表的格式主要有（　　）。
    A. 报告式　　　　　　　　　　　　　B. 账户式
    C. 单步式　　　　　　　　　　　　　D. 多步式

三、判断题（每题1分，共10分。请将判断结果填入题后的括号中。你认为正确的，填"√"；你认为错误的，填"×"。每小题判断结果符合标准答案的得1分，不符合标准答案或不判断的均不得分）

1. 一个企业的资产与权益在金额上始终是相等的。（　　）
2. 某项资产增加的同时必然是某项权益的增加。（　　）
3. 材料采购成本中不包括增值税进项税额。（　　）
4. 对于无法查明原因的现金长款，可不进行账务处理。（　　）
5. 权责发生制下，预付明、后年的设备租金应作为当月的费用。（　　）

6. 企业各项银行借款的利息均要计入财务费用。 （　）
7. 无论企业资金如何运动，总能保持会计等式的平衡。 （　）
8. 在权责发生制下，收到货币资金并不意味着收入就一定增加。 （　）
9. 企业发生的现金折扣应冲减当期的销售收入。 （　）
10. 总账和明细账的登记依据并非完全相同。 （　）

四、简答题（每题5分，共10分）

1. 什么是所有者权益？其具体构成项目有哪些？
2. 什么是会计等式？其静态、动态和扩展的一般表达式是怎样的？

五、计算题（每题5分，共10分。凡要求计算的项目，均须列出计算过程；计算结果有计量单位的，应予以标明）

1. 某针织公司2020年3月部分各分类账户发生额及余额数据，见表3-2-1。

要求：根据上表资料，补充填写括号内的数据。

表3-2-1　　　　　　　　　账户发生额及余额

单位：元

账户名称	期初余额		本期发生额		期末余额	
	借方	贷方	借方	贷方	借方	贷方
应收账款	4 000		40 000	（　）	35 000	
应付账款	（　）		1 500 000	230 000		1 470 000
原材料	32 000		1 000	28 000	（　）	
资本公积		92 000	204 000	504 000		（　）
管理费用	—	—	6 700	（　）	—	—

2. 某公司本年主营业务收入320 000元，税金及附加12 500元，主营业务成本121 500元，其他业务收入24 000元，其他业务成本15 000元，营业外收入3 800元，营业外支出12 800元，销售费用6 000元，管理费用21 500元，财务费用8 500元，所得税税率25%。

要求：根据上述资料计算下列各项。

（1）企业本年收入（狭义）=
（2）企业本年费用（狭义）=
（3）企业本年营业利润=
（4）企业本年利润总额=
（5）企业本年净利润=

六、业务处理题（每题2分，共40分）

1. 购入甲材料20 000千克，单价1.9元，增值税进项税额4 940元，价税款以银行存款支付。
2. 购入乙材料60 000千克，单价1元，增值税进项税额7 800元，价税款尚未支付。
3. 以银行存款8 000元支付上述甲、乙材料运费（按材料重量比例分配）。
4. 甲、乙材料均已验收入库，结转其实际采购成本。

5. 以银行存款支付本月制造部门房租 1 500 元、设备修理费 3 300 元。

6. 本月仓库发出下列材料供使用，见表 3-2-2。

表 3-2-2

	甲材料（单位成本 2 元）	乙材料（单位成本 1.1 元）
A 产品耗用	10 000 千克	
B 产品耗用		40 000 千克
制造部门一般耗用		6 000 千克
行政管理部门耗用	1 000 千克	500 千克

7. 分配本月职工薪酬，其中 A 产品生产工人薪酬 15 000 元，B 产品生产工人薪酬 20 000 元，制造部门管理人员薪酬 5 000 元，行政管理人员薪酬 10 000 元。

8. 以银行存款 50 000 元支付本月职工薪酬。

9. 以库存现金 6 000 元购买行政管理部门办公用品。

10. 计提本月固定资产折旧 20 000 元，其中制造部门 11 600 元，行政管理部门 8 400 元。

11. 计提本月短期借款利息 4 000 元。

12. 将本月发生的制造费用分配计入 A、B 产品的生产成本，其中 A 产品应分配 12 000 元，B 产品应分配 16 000 元。

13. 本月 A 产品 100 件全部完工入库，结转其实际生产成本 47 000 元。

14. 销售 A 产品 90 件，单价 1 000 元，增值税销项税额 11 700 元，价税款已存入银行。

15. 以银行存款支付销售产品广告费 8 240 元。

16. 经计算本月应交城市维护建设税及教育费附加 510 元。

17. 结转已销 A 产品销售成本 42 300 元。

18. 经批准，将无法支付的应付账款 2 000 元予以转销。

19. 将本月发生的收入和费用转入"本年利润"账户。

20. 经计算并结转本月应交所得税 2 500 元。

基础会计模拟试卷三

（总分100分，时间110分钟）

一、单项选择题（每题1分，共10分）

1. 将现金2 000元存入银行，出纳人员应填制（   ）。
   A. 转账凭证   B. 原始凭证   C. 收款凭证   D. 付款凭证
2. 下列科目可能是收款凭证贷方科目的是（   ）。
   A. 制造费用   B. 应收账款   C. 坏账准备   D. 固定资产
3. 月末，企业将"制造费用"账户的借方发生额合计转入（   ）总账账户的借方。
   A. 库存商品   B. 生产成本   C. 主营业务成本   D. 本年利润
4. 某企业购入丙材料，增值税专用发票上注明货款20 000元，增值税2 600元，发生包装费，运杂费共计300元，丙材料的采购成本为（   ）。
   A. 20 000元   B. 22 600元   C. 20 300元   D. 22 900元
5. 下列各项中属于流动负债的有（   ）。
   A. 长期待摊费用   B. 预收账款   C. 应收账款   D. 预付账款
6. 在账簿中结算损益时，下列账户不应将余额转入"本年利润"的账户是（   ）。
   A. 管理费用   B. 制造费用   C. 财务费用   D. 销售费用
7. 反映企业财务状况的会计要素一般不包括（   ）。
   A. 资产   B. 负债   C. 收入   D. 所有者权益
8. 下列业务不影响资产的有（   ）。
   A. 赊购原材料   B. 赊销库存商品
   C. 借入银行借款   D. 宣告分派现金股利
9. 只有在采用权责发生制核算基础的情况下才需要设置的账户是（   ）。
   A. 应收账款   B. 本年利润
   C. 长期待摊费用   D. 实收资本
10. 原始凭证的基本内容中，不包括（   ）。
    A. 日期与编号   B. 内容摘要
    C. 实物数量及金额   D. 会计科目

二、多项选择题（下列每小题的备选答案中，有两个或两个以上符合题意的正确答案。请将你选定的答案字母按顺序填入题后的括号中。每题2分，共20分。多选、少选、错选、不选均不得分）

1. 下列属于会计核算方法的有（   ）。
   A. 成本计算
   B. 填制与审核会计凭证
   C. 设置账户
   D. 编制报表与登记账簿

2. 反映企业存货的会计科目有（　　）。
   A. 库存商品　　　　　　　　　B. 生产成本
   C. 原材料　　　　　　　　　　D. 包装物
3. 资产负债表中，根据有关总分类账户期末余额直接填列的有（　　）。
   A. "应收账款"　　　　　　　　B. "固定资产"
   C. "实收资本"　　　　　　　　D. "盈余公积"
4. 财产物资的盘存制度有（　　）。
   A. 收付实现制　　　　　　　　B. 永续盘存制
   C. 权责发生制　　　　　　　　D. 实地盘存制
5. 以下选项中，应计入"制造费用"账户的有（　　）。
   A. 生产产品直接消耗的原材料
   B. 生产车间水电费
   C. 生产车间管理人员工资
   D. 销售部门固定资产折旧费
6. 对于现金日记账，下列说法正确的是（　　）。
   A. 由出纳登记
   B. 一般采用三栏订本式账簿
   C. 逐日逐笔序时登记
   D. 根据记账凭证登记
7. 企业进行全面清查主要发生的情况有（　　）。
   A. 清产核资时　　　　　　　　B. 更换仓库保管员
   C. 年终决算后　　　　　　　　D. 关停并转时
8. 每个会计期末，企业按照规定编制财务报表，报送的部门有（　　）。
   A. 审计部门　　　　　　　　　B. 税务部门
   C. 当地财政部门　　　　　　　D. 开户银行
9. 利润表中反映的会计要素有（　　）。
   A. revenue　　　B. liabilities　　　C. expenses　　　D. assets
10. 经营活动的现金流出包括（　　）。
    A. 购买固定资产　　　　　　　B. 支付购买材料款
    C. 分配股利　　　　　　　　　D. 支付职工工资

三、判断题（每题1分，共10分。请将判断结果填入题后的括号中。你认为正确的，填"√"；你认为错误的，填"×"。每小题判断结果符合标准答案的得1分，不符合标准答案或不判断的均不得分）

1. 利润表就是反映企业在某一时点实现利润情况的会计报表。（　　）
2. 为了便于编制汇总转账凭证，要求转账分录保持一借一贷或一借多贷，而不宜采用一贷多借。（　　）
3. 计提固定资产折旧表示固定资产价值的减少，应贷记"固定资产"账户。（　　）
4. 某一会计人员在记账时漏记了一笔经济业务，这一错误是不可以通过试算平衡表来发现的。（　　）

5. 采用永续盘存制的企业，对财产物资一般不需要进行实地盘点。（　）
6. "应收账款"项目应根据"应收账款"和"预收账款"账户所属的明细账期末余额合计填列。（　）
7. 复式记账由于是以相等的金额在两个或两个以上账户中登记，所以能检查账簿记录是否正确。（　）
8. 财务费用将随企业短期存款利息收入的增加而减少。（　）
9. "制造费用"账户月末一般没有余额，因而制造费用也属于期间费用的一种。（　）
10. 会计凭证都是由会计人员填制的。（　）

四、简答题（每题 5 分，共 10 分）

1. 会计核算方法有哪些？
2. 什么是资产？资产的确认应同时满足哪些条件？

五、计算题（每题 5 分，共 10 分。凡要求计算的项目，均须列出计算过程；计算结果有计量单位的，应予以标明）

1. 青青公司 2020 年 7 月发生如下经济业务。
（1）销售 100 000 元商品，货款已存入银行。
（2）赊销商品 200 000 元。
（3）预付下半年和明年的房租 180 000 元。
（4）收到宏伟公司预付货款 50 000 元。
（5）收到上月的应收货款 90 000 元。
（6）本月应交消费税 5 000 元，于下月初缴纳。
（7）向客户提供商品 80 000 元（其款项已于上月预收）。
（8）本月应付银行借款利息 20 000 元。

要求：根据上述资料计算下列各项。
（1）按权责发生制计算的本月收入＝
（2）按权责发生制计算的本月费用＝
（3）按收付实现制计算的本月收入＝
（4）按收付实现制计算的本月费用＝

2. 乐享公司 2020 年年初所有者权益为 3 000 万元，本年实现利润总额 400 万元（无纳税调整事项），所得税率 25%，按 10% 提取法定盈余公积，5% 提取任意盈余公积，年末向投资者分配利润 100 万元。根据该企业上述资料计算下列各项。
（1）本年应交所得税＝
（2）本年提取的法定盈余公积＝
（3）本年提取的任意盈余公积＝
（4）本年未分配利润＝
（5）年末所有者权益＝

六、业务处理题（分录每题 2 分，报表每空 0.5 分，共 40 分）

1. 雅丹公司收到某投资者投入的专利权，经评估确认价值为 50 000 元。
2. 雅丹公司向某公司购入甲材料 150 吨，单价 180 元，材料已入库，应交增值税

3 510元,货款未付。

3. 雅丹公司从银行借入短期借款40 000元,已存入银行。

4. 雅丹公司采购员出差回来报销差旅费1 050元,交回余款150元。(原预借差旅费1 200元)

5. 雅丹公司以银行存款支付本月电费1 790元,其中,A产品1 000元,B产品390元,车间用电280元,行政管理部门用电120元。

6. 雅丹公司购入运输汽车一辆,价款200 000元,增值税26 000元,用银行存款支付。

7. 雅丹公司结算本月应付工资:A产品生产工人工资10 000元,B产品生产工人工资5 000元,车间管理人员工资200元,厂部管理人员工资800元。

8. 雅丹公司按照合同规定预收光明工厂订购产品的货款600 000元。

9. 雅丹公司通过银行偿还某公司应付账款31 590元。

10. 雅丹公司按规定折旧率计提本月固定资产折旧:其中,车间计提7 390元,厂部计提500元。

11. 雅丹公司采用经营租赁方式向某单位出租固定资产,获得租金收入22 000元,存入银行。

12. 雅丹公司本月投产的B产品20件全部完工,并已验收入库,其实际成本为13 000元。

13. 雅丹公司用银行存款140 000元支付税收罚款滞纳金。

14. 雅丹公司计算并结转本年所得税7 000元。

15. 雅丹公司在期末结转本期实现的净利润450 000元。

16. 雅丹公司在财产清查中,查明应收款项60 000元,计提坏账准备5 000元。

17. 雅丹公司经过协商、催促,收回上例欠款55 000元,其余5 000元无法收回。

18. 雅丹公司在财产清查中,发现短款1 000元,经查因出纳人员疏忽造成的损失400元,保险公司负责赔偿500元,其他短款无法查明原因。

19. 雅丹公司2020年12月31日结账前利润表账户余额,见表3-3-1。

表3-3-1　　　　　　　　　　利润表账户余额

单位:元

账　户	借方金额	账　户	贷方余额
主营业务成本	2 980 000	主营业务收入	5 789 000
税金及附加	369 500	其他业务收入	32 000
其他业务成本	18 700	营业外收入	88 000
销售费用	840 000	投资收益	1 000
管理费用	650 000	所得税费用	282 546
财务费用	128 600		
营业外支出	67 000		

要求:编制会计分录以及根据上表编制2020年12月份利润表,见表3-3-2。

表 3-3-2　　　　　　　　　　　利 润 表

编制单位：雅丹公司　　　　　　2020 年 12 月　　　　　　　　　　　　　单位：元

项　目	行　次	本月金额
一、营业收入	1	①
减：营业成本	4	②
税金及附加	5	369 500
销售费用	9	840 000
管理费用	10	③
财务费用	11	④
加：投资收益（损失以"－"号填列）	13	1 000
二、营业利润（亏损以"－"号填列）	12	⑤
加：营业外收入	15	88 000
减：营业外支出	16	⑥
三、利润总额（亏损总额以"－"号填列）	17	⑦
减：所得税费用	18	282 546
四、净利润（净亏损以"－"号填列）	19	⑧

基础会计模拟试卷三参考答案